Anne Iburg

Die Haferkur.
Gesund abnehmen

Anne Iburg kann sich einen Tag ohne Haferflocken nicht vorstellen. Seit ihrer Kindheit isst die studierte Diplom-Oecotrophologin und Diätassistentin jeden Morgen Haferflocken. Ihrem nervösen Magen tun diese einfach gut. In vielen Ratgebern der Ernährungs-Spezialistin spielen Haferflocken schon immer eine große Rolle, in diesem Buch stehen sie aber ganz im Mittelpunkt.
Wenn Anne Iburg nicht schreibt, arbeitet sie unter ihrem richtigen Namen Marlein Stasche in eigener Praxis als Ernährungsberaterin in Kaiserslautern und genießt ihre Freizeit mit ihrer Familie und ihrem Dackel, der ab und zu auch Haferflocken unters Essen gemischt bekommt.

Danksagung

Ganz besonders möchte ich mich bei Anton, Eva, Maja und Eira Stasche-Roig bedanken, die während der Rezeptentwicklung für das Buch 4 Wochen zu Besuch waren und in der Küche mit Hand angelegt haben. Ihre große Begeisterung für meine Haferrezepte sowie ihr stets großes Lob haben mich bei der Rezeptentwicklung sehr beflügelt.

Anne Iburg

Die Haferkur. Gesund abnehmen

Insulinspiegel regulieren, Heißhunger stoppen, Gewicht dauerhaft reduzieren. Über 80 Rezepte mit Haferflocken & Co.

TRIAS

Inhalt

Exkurs

Das Rezept zum Coverfoto finden Sie auf Seite 85.

Liebe Leserin, lieber Leser,

Haferflocken verbindet wohl kaum einer mit Begriffen wie Superfood oder Fatburner. Das ist ein Fehler: Denn das Korn macht nicht nur lange satt, sondern reduziert das schlechte Cholesterin im Blut, senkt den Blutzuckerspiegel, füttert unsere gesunden Darmbakterien und hält und macht uns schlank, schön und gesund.

Hafer hat auch schon in meinen Büchern »Köstlich essen: Cholesterin senken (2022)« und »Die einfachste Gesundküche aller Zeiten (2020)« ebenfalls aus dem TRIAS Verlag eine besondere Rolle gespielt. In diesem Buch wird nun der Hafer in den Mittelpunkt gerückt und insbesondere die Haferflocken bekommen sehr viel Aufmerksamkeit, die dem heimischen Korn zu Recht gebührt. Das Getreide hat eine Besonderheit, denn es enthält Beta-Glucan und das in großer Menge. So zeigen viele Studien zu Haferflocken, dass deren täglicher Konsum uns schlank macht. Verstärken lässt sich der Abnehmeffekt durch 3–4 reine Hafertage. So einfach ist die Haferkur!

Sie erfahren detailliert, was alles Gutes im Hafer steckt, und wie diese Inhaltsstoffe uns beim Schlankwerden und -bleiben helfen und unserer Gesundheit guttun. Dabei können Sie den Hafer als Haferflocken, -kleie, -schrot, und -mehl aber auch Haferdrink (als Milchersatz) und Hafercreme (als Sahneersatz) verwenden. So lassen sich spielend leicht zu jeder Mahlzeit Gerichte mit einer ordentlichen Portion Hafer-Power zubereiten. Die vielfältigen Rezeptideen liefern Ihnen dazu reichliche Anregungen. So wird Ihre Haferkur eine echte Genusszeit.

Viel Spaß und Erfolg wünscht Ihnen

Anne Iburg

Mein schlanker Hafertag

Morgens: Beeren-Porridge

65 g feinblättrige Haferflocken • 300 ml Wasser • 50 g Beerenobst

- Haferflocken mit Wasser aufkochen und unter Rühren so lange kochen, bis der Brei sämig wird. Beerenobst mit einer Gabel zerdrücken und unter das lauwarme Porridge rühren.

Versuchen Sie, den Porridge am besten ohne Zucker, Honig oder andere Süßungsmittel zu essen. Bei Bedarf wären aber etwas Süßstoff oder 1 TL der Zuckeraustauschstoffe Xylit oder Erythrit pro Mahlzeit erlaubt.

Berechnung der Haferflockenmenge: Die Menge richtet sich nach Ihrer Körpergröße. Dieser Tagesplan ist für eine 1,65 cm große Person berechnet. Die Körpergröße in cm minus 100 ergibt die Portion Haferflocken, die Sie pro Mahlzeit essen können.

Mittags: Curry-Haferflocken-Suppe

65 g grobblättrige Haferflocken • ½ TL Currypulver • 100 g Möhre • 400 ml Wasser • 1 TL Gemüsebrühe • 1 Prise Salz

- Haferflocken mit Currypulver ohne Fett ein wenig anrösten. Möhre waschen, schälen, putzen und in kleine Würfel schneiden.

- Haferflocken und Möhren ins Wasser geben, Gemüsebrühe hinzufügen, aufkochen und im geschlossenen Topf bei kleiner Hitze garen lassen. Bei Bedarf leicht salzen oder mit anderen Gewürzen abschmecken. So oder püriert essen.

Abends: Ingwer-Haferflocken-Suppe

65 g feinblättrige Haferflocken • 1 EL fein gehackter Ingwer • 100 g Lauchringe • 400 ml Wasser • 1 TL Gemüsebrühe

- Haferflocken zusammen mit fein gehacktem Ingwer, Lauchringen und Wasser sowie Gemüsebrühe aufkochen.
- Das Ganze so lange kochen, bis die Suppe sämig wird.

Ihre Haferkur: die Basics

Mit Haferflocken lässt es sich ohne Hunger einfach und erfolgreich abnehmen. Der Beta-Glucan-reiche Hafer hilft dabei, die Fettleber und das Bauchfett abzubauen.

Hafer macht schlank

Ob Sie Übergewicht oder nur zu viel Bauchfett haben oder noch andere Beschwerden wie Bluthochdruck, Zucker- oder Fettstoffwechselstörungen ...

... reine Hafertage und eine langfristige haferreiche Ernährung reduzieren Ihr Körpergewicht, senken den Blutzuckerspiegel und lösen damit auch viele andere gesundheitliche Probleme. Das ist die Grundlage der Haferkur. Idealerweise beginnen Sie mit 3–4 Startertagen, in denen Haferflocken neben Gemüse und zuckerarmen Obstsorten den Hauptbestandteil Ihrer Ernährung darstellen. Nach diesen Hafertagen ist die Insulinausschüttung auf einem niedrigeren Niveau als zuvor und so nehmen Sie auch danach noch leichter ab. Da die Haferflocken Ihren Heißhunger reduzieren, kann diese einfache und kostengünstige Haferkur das Abnehmen zu einem lang anhaltenden Erfolg machen. Für Ihre langfristige haferreiche Ernährung finden Sie im großen Rezeptteil leckere Vorschläge für alle Mahlzeiten und Anlässe. Um Ihren Abnehmerfolg voranzutreiben, können Sie immer wieder einzelne Hafertage oder einmal pro Monat 3–4 Hafertage am Stück einbauen.

Haferflocken sind natürliche Fatburner

Hafer ist ein Superfood fürs Abnehmen. In ihm steckt alles, was Sie zum Schlanksein und -werden brauchen: viele Ballaststoffe, die stoffwechselwirksamen Beta-Glucane, komplexe Kohlenhydrate, hochwertiges Eiweiß, ein optimales Fettsäuremuster sowie Vitamine, Mineralstoffe, Spurenelemente und sekundäre Pflanzenstoffe.

HAFERFLOCKEN (100 g)

In Haferflocken stecken sehr viel mehr gesunde Inhaltsstoffe als nur die oft zitierten Ballaststoffe.

Haferflocken sind ein natürliches und ballaststoffreiches Vollkornprodukt. Das Besondere an diesem heimischen Getreide ist sein hoher Beta-Glucan-Gehalt. Auch Gerste ist reich an Beta-Glucan, wird allerdings überwiegend nur zur Bierherstellung eingesetzt, bei der dieser wertvolle Ballaststoff herausgefiltert wird. Bier hilft bekanntlich nicht beim Abnehmen, ganz im Gegenteil.

Neben dem potenten Fatburner Beta-Glucan enthalten Haferflocken figurfreundliche Kohlenhydrate und haben einen sehr hohen Ballaststoffgehalt im Vergleich zu dem beliebten Weizen. Gegenüber den anderen heimischen Getreidearten hat Hafer ein bemerkenswertes Plus an pflanzlichem Eiweiß. Ein unerwünschter Abbau von Muskeleiweiß tritt beim Abnehmen mit Hafer im Vergleich zu den vielen anderen Kuren und Diäten nicht auf. Außerdem sättigt Hafereiweiß sehr gut.

Hafer ist auch ein bisschen fettiger als anderes Getreide, doch handelt es sich dabei um gesunde, mehrfach ungesättigte Fettsäuren, die dem Abnehmen in keinem Fall im Wege stehen.

Das Haferkorn ist zudem reich an Antioxidanzien, Mineralstoffen und Spurenelementen wie Magnesium, Kupfer, Eisen, Phosphor und Zink. Des Weiteren sind Haferflocken besonders reich an Biotin, Vitamin B_1 und Folsäure.

Beta-Glucan – die Zauberformel zum Schlankwerden

Beta-Glucan kommt als natürlicher Bestandteil der Zellwand im Hafer vor. Es besteht aus mehreren verknüpften Glukosemolekülen, die von den Enzymen im menschlichen Darmtrakt nicht gespalten werden können. Da Beta-Glucan für uns Menschen unverdaulich ist, zählt es zu der Stoffgruppe der Ballaststoffe. Im Vergleich zu anderen Ballaststoffen besitzt Beta-Glucan eine ausgeprägte Viskosität in wässrigen Lösungen. Unter Viskosität versteht man das Maß an Zähigkeit oder Zählflüssigkeit einer Lösung. Eine hohe Viskosität, wie Hafer bzw. Haferflocken sie besitzen, macht den Nahrungsbrei dickflüssiger und damit weniger fließfähig. Dies macht Hafer zu einem Superfood im Bereich Abnehmen, aber auch bei Stoffwechselstörungen wie Diabetes mellitus und erhöhten Cholesterinwerten sowie bei Darmträgheit. Denn die hohe Viskosität bindet die Nährstoffe im Speisebrei, sodass die Glukose langsamer in die Blutbahn gelangt. Die Viskosität sorgt aber auch für eine Auskleidung der Schleimhäute, und so ist Hafer auch ein Darmschmeichler.

Runter mit dem Hungerhormon Ghrelin!

Der Verzehr von Hafer bzw. Haferflocken erhöht die Viskosität des Nahrungsbreis. Durch das Beta-Glucan wird schon im Magen der Nahrungsbrei schlechter mit

Verdauungsenzymen durchmischt. Die Magenentleerung wird verzögert. Ein lang anhaltend gefüllter Magen blockiert die Freisetzung des Hungerhormons Ghrelin. Es zählt zu den wichtigsten Stoffwechselhormonen. Ghrelin wird in der Magenschleimhaut freigesetzt und gelangt über das Blut zum Gehirn, dort reguliert der Botenstoff das Hunger- und Sättigungsgefühl. Aufgrund seiner appetitanregenden Wirkung wird Ghrelin auch als »Hungerhormon« bezeichnet. Durch Beta-Glucan wird über die langsame Magenentleerung das Hormon Ghrelin gesteuert. Der niedrige Ghrelinspiegel im Blut sorgt dafür, dass wir uns satt fühlen.

Runter mit dem Masthormon Insulin!

Im Dünndarm verlangsamt Beta-Glucan den Aufschluss der Stärke zu Glukose. Unser Körper kann Stärke nicht direkt verwerten. Sie muss erst im Darm zu Glukose abgebaut werden, bevor sie als Energie im Körper genutzt werden kann. Auch der Übertritt der Glucose aus dem Darm ins Blut, also die Resorption, wird durch Beta-Glucan verlangsamt. Der Verzehr von Hafer bzw. Haferflocken führt somit zu einem langsameren Anstieg des Blutzuckerspiegels. Das hat nicht nur Vorteile für Diabetiker, sondern macht auch gesunde Menschen länger satt und lässt sie besser abnehmen. Ein niedriger Blutzuckerspiegel führt auch immer zu einer geringeren Insulinausschüttung. Insulin wird auch gern als Masthormon bezeichnet. Ist zu viel Insulin im Blut – bedingt durch eine hochkalorische Ernährung mit viel Zucker und Weißmehl – kann unserer Körper nicht in den Abnehmmodus schalten. Viel Insulin ist das Signal für den Körper, die Energie einzulagern, und das tut er bekanntlich als Fett in den verschiedenen Fettdepots.

Rauf mit dem Energiehormon GLP-1!

Im Dickdarm nutzen die gesunden Darmbakterien das Beta-Glucan als Nahrung, da sie über die nötigen Abbauenzyme verfügen, und scheiden kurzkettige Fettsäuren wie Acetat, Propionat und Butyrat aus. Diese Fettsäuren gelangen in den Blutkreislauf und steuern das Hormon GLP-1. Es sorgt dafür, dass der Zucker schnell zu den Muskelzellen gelangt und somit der Blutzuckerspiegel auf ein gesundes Level absinkt.

Hafer ist schon länger als Heilmittel bekannt

Bei den Griechen und Römern war der Hafer wenig geachtet. Die Römer lernten ihn nördlich der Alpen als »barbarisches Brotkorn der Germanen« kennen. Plinius berichtete, dass die Germanen Hafer anbauten und ihn als Haferbrei äßen. Ob er bei den Germanen ein Heilmittel war, ist nicht belegt, aber im Mittelalter galt Hafer definitiv als Heilmittel. Doch meist wurde das Stroh für die äußere Anwendung empfohlen. Hildegard von Bingen hielt den Hafer für ein nahrhaftes Lebensmittel bei Gesunden und beschreibt, dass der Brei oder das Brot aus Hafer den Kranken eher schwächen würde. Mit Beginn des 20. Jahrhunderts ändert sich die medizinische Meinung zum Haferkorn.

Sehr bekannt ist das Bircher-Müsli, das aus Haferflocken, frischem Obst, meist Apfel, und Milch bzw. Joghurt besteht. Entwickelt hat dieses Müsli der Schweizer Arzt Maximilian Oskar Bircher-Benner in seinem Sanatorium am Zürichberg. Er gilt als Urvater der Vollwertkost. In seinem Sanatorium heilte er mit Haferflocken und viel frischem Obst und Gemüse vor allem magenkranke Patienten. Heute würde man vermutlich sagen, dass seine Patienten unter einem Reizdarm-Syndrom litten.

Ein weniger bekannter Kollege von Bircher-Benner ist der deutsche Arzt Carl von Noorden. Sein Forschungsgebiet waren Stoffwechselerkrankungen, vor allem Diabetes mellitus. Um 1895 gründete er in Frankfurt am Main eine Privatklinik für Zuckerkranke. Es soll die erste Diabetes-Fachklinik in Europa gewesen sein. Dort entwickelte er Anfang des 20. Jahrhunderts die »Haferdiätkur«, mit der er nachweisen konnte, dass Hafer den Blutzuckerspiegel bei Diabetikern senkt.

Seit über 100 Jahren werden der Hafer und seine gesundheitliche Wirkung intensiv erforscht. Mit Leichtigkeit lassen sich über 300 Studien zu Hafer innerhalb der letzten 20 Jahre finden. Da viele Übergewichtige auch unter Stoffwechselerkrankungen leiden, zeigt die nachstehende Tabelle, was Hafer nicht nur als Fatburner, sondern auch als Superfood alles kann.

Hafer – ein Heilmittel bei vielfältigen Erkrankungen

Krankheit	relevante Inhaltsstoffe	Wirkungen
Adipositas	Beta-Glucan hoher Ballaststoffgehalt	reduziert den Hunger reduziert Körpergewicht und Bauchfett
Diabetes mellitus Typ II	Beta-Glucan hoher Ballaststoffgehalt	senkt den Blutzuckerspiegel
Hypercholesterinämie	Beta-Glucan mehrfach ungesättigte Fettsäuren	senkt Gesamtcholesterin und LDL-Cholesterin
rheumatische Erkrankungen	Beta-Glucan B-Vitamine	senkt Entzündungswerte

Krankheit	relevante Inhaltsstoffe	Wirkungen
Reizmagen und -darm	Beta-Glucan hoher Ballaststoffgehalt	reduziert Beschwerden, verbessert die Darmflora
Akne, schlechtes Hautbild	Beta-Glucan Kieselsäure B-Vitamine Zink, Selen	verbessert das Hautbild
Bluthochdruck	Avenanthramide sehr gutes Kalium-Natrium-Verhältnis	senkt den Blutdruck
Fettleber (Seite 19)	Beta-Glucan hoher Ballaststoffgehalt	reduziert das viszerale Fett und Organfett
Fatigue-Syndrom	B-Vitamine Folsäure Magnesium	regt den Energiestoffwechsel an

Warum Abnehmen oft so schwer fällt

Die Geschichte des Menschen ist eine Auseinandersetzung mit wiederkehrender Nahrungsknappheit und Hungerzeiten. Der menschliche Körper ist daher darauf programmiert, Fettdepots für die schlechten Zeiten anzulegen. Die Mehrheit der Deutschen ist zu dick. Mehr als jeder zweite Bundesbürger hat einen Body-Mass-Index (BMI) von 25 und höher und gilt damit laut der Definition der Weltgesundheitsorganisation (WHO) als übergewichtig. Jeder vierte Deutsche ist sogar fettleibig (adipös), hat also einen BMI von 30 und höher. Viele haben Diäten ausprobiert, aber damit lässt sich meist das Problem nicht lösen. Denn fällt man nach der Diät in die alten Ernährungsmuster zurück, ist nichts gewonnen, sondern meist alle Mühe zerronnen. Das vorherige Gewicht ist schnell wieder da und auch noch höher als je zuvor. Das bezeichnet man dann als Jo-Jo-Effekt. Die Haferkur mit ihren anfänglichen Hafertagen und dem anschließenden täglichen Konsum von Hafer ist dagegen eine verlässliche Verbündete beim Abnehmen und Halten des erreichten Gewichts.

Bis ins vorletzte Jahrhundert boten die Gene, die für die Anlage von Fettzellen zuständig sind, einen Überlebensvorteil für unsere Vorfahren. Doch heute – bei andauerndem Nahrungsüberfluss – kehrt sich dieser ehemalige Vorteil zum Nachteil um. Mittlerweile sind mindestens 30 Stellen im Genom bekannt, die mehr oder weniger stark die Energiespeicherung im Fettgewebe beeinflussen und deshalb mit Übergewicht assoziiert sind. Es gibt aber keine Gene oder körperlichen Mechanismen, die eine Gewichtszunahme bremsen. Der Mensch kann zu viel aufgenommenes Vitamin C wieder ausscheiden, mit Kalorien funktioniert das nicht.

Wir verbrauchen heute nur noch 10 % unserer Energie für die Zubereitung unserer Mahlzeiten. Im 18. Jahrhundert verbrauchten unsere Vorfahren noch 40 % des Kaloriengrundumsatzes für den Nahrungserwerb. Heute schlendern wir durch gefüllte Supermarktregale und kochen auf einem Induktionsherd. Früher musste die Nahrung mühevoll oft in Handarbeit angebaut, geerntet und zubereitet werden; bevor man kochen konnte, galt es, erstmal Holz zu hacken usw.

Selbst normalgewichtige Menschen können zu viel Fett haben

Wer übergewichtig ist, weiß in der Regel um sein gesundheitliches Risiko für Bluthochdruck, Diabetes Typ 2 und Herzinfarkt. Doch schlanke Menschen können ein genauso hohes Risiko für Herz-Kreislauf-Erkrankungen haben wie Übergewichtige – wenn sie innerlich verstecktes Fett ansammeln, das sich um die Organe herum ablagert. Dafür hat sich die Bezeichnung »TOFI« etabliert, was für »thin outside, fat inside, also »außen dünn, innen dick« steht.

BMI und Bauchumfang bestimmen

Dieser zu hohe Anteil an Körperfett lässt sich nicht mit dem BMI erfassen, sondern nur mit dem Bauchumfang. Auch mit einem normalen BMI von z. B. 22 kann die Zusammensetzung von Wasser, Muskeln und Fett im Körper ungünstig sein. Das innerlich angesammelte Fett im Bauchraum ist besonders belastend für unsere Gesundheit. Es ist im Gegensatz zu sichtbaren Fettpolstern am Gesäß oder den Oberschenkeln hormonell wesentlich aktiver und setzt viele schädliche Botenstoffe frei, die letztlich unsere Gesundheit belasten. Um herauszufinden, ob Sie zu den TOFIs gehören, hilft das Messen des Bauchumfangs. Bei Frauen sollte er 80 cm nicht überschreiten. Bei Männern liegt der Grenzwert bei 94 cm.

Welcher BMI gilt als normal? Der BMI ist ein wichtiger Anhaltspunkt, ob Sie Normalgewicht oder Übergewicht haben. Er ist die gebräuchlichste Formel zur Gewichtsberechnung und ergibt sich aus dem Verhältnis des Körpergewichts in Kilogramm und der Körpergröße in Metern zum Quadrat:

$$\text{BMI} = \text{Körpergewicht} : \text{Körpergröße}^2$$

Den Bauchumfang richtig messen Der Bauchumfang bzw. der Taillenumfang bezeichnet den in der Mitte zwischen dem unteren Rippenbogen und dem Becken-

BMI und die Einordnung des Körpergewichts

Einordnung	BMI männlich	BMI weiblich
Untergewicht	‹ 20	‹ 19
Normalgewicht	20–25	19–24
Übergewicht	26–30	25–30
Adipositas	31–40	31–40
starke Adipositas	› 40	› 40

kamm gemessenen Körperumfang. Die Messung des Bauchumfangs ist eine indirekte Methode zur Bestimmung des im Bauchraum liegenden Fettgewebes. Messen Sie immer zum gleichen Zeitpunkt Ihren Bauchumfang. Experten raten dazu, vor dem Frühstück zu messen, denn dann ist Ihr Magen noch leer. Stellen Sie sich mit freiem Oberkörper aufrecht vor einen Spiegel. Legen Sie das Maßband um Ihre Taille, am besten knapp unterhalb des Bauchnabels und möglichst eng.

Waist-to-Height-Ratio Wenn Sie es etwas genauer wissen wollen, können Sie auch das Verhältnis von Ihrem Bauchumfang zur Körpergröße berechnen. Dafür teilen Sie Ihren Bauchumfang durch Ihre Körpergröße in Zentimetern. Wie das Ergebnis einzuschätzen ist, hängt von Ihrem Alter ab: Für unter 40-Jährige gilt ein Wert > 0,5 als bedenklich, zwischen 40 und 50 Jahren sollte das Resultat bei 0,5–0,6 liegen. Ab 50 ist 0,6 der Richtwert.

Waist-to-Hip-Ratio Über den Taille-Hüft-Quotienten können Sie das Körperfettverteilungsmuster bei sich ermitteln. Der Taillenumfang wird festgestellt, indem das Maßband zwischen dem Beckenkamm und der untersten Rippe angelegt wird. Der Hüftumfang wird an der breitesten Stelle des Gesäßes gemessen. Jetzt teilen Sie den Taillen-Wert durch den Hüft-Wert. Das Ergebnis sollte bei Frauen unter 0,85, bei Männern unter 1,0 liegen. Dieser Wert gibt Auskunft über die Verteilung des Fetts in Ihrem Körper und beantwortet Ihnen die Frage, ob Sie ein Birnen- oder Apfeltyp sind. Der Apfeltyp hat größtenteils sein Fett im Bauchraum und gilt als der ungesundere Übergewichtige. Der Birnentyp lagert das Fett verstärkt im Po- und Hüftbereich ein. Dieses Fett ist weniger hormonell aktiv und setzt somit deutlich weniger schädliche Botenstoffe frei.

Mit Hafer gegen die Fettleber

Die Fettleber ist eine häufige Erkrankung in den Industrienationen. Sie bleibt oft lange Zeit unentdeckt und es gibt bis heute keine Medikamente dagegen. Doch ein hoher Anteil an Haferflocken in der Ernährung ist eine sehr gute Maßnahme gegen die Fettleber. Durch ungesunde Ernährung, Bewegungsmangel oder auch aus anderen Krankheiten kann sich die sogenannte nicht alkoholische Fettleber entwickeln.

Wenn mehr als 50 % der Leberzellen von Verfettung betroffen sind oder der Fettanteil der Leber mehr als 10 % des Gesamtgewichts übersteigt, spricht man von einer Fettleber. Wenn einer Fettlebererkrankung nicht Einhalt geboten wird – durch eine Umstellung des Lebensstils mit einer gesunden Ernährung und ohne Alkohol, können eine Leberentzündung, eine Zirrhose oder sogar eine Leberkrebserkrankung die Folge sein. Neben den Hauptrisikogruppen, zu denen Alkoholabhängige oder stark übergewichtige Erwachsene gehören, erkranken auch immer häufiger Kinder und Jugendliche. In Westeuropa haben rund 20–40 % aller Erwachsenen eine Fettlebererkrankung.

Die Leber produziert Galle zur Fettverdauung im Darm, wandelt überschüssige Kohlenhydrate in Fett um oder speichert sie als Glykogen zur späteren Bereitstellung von Glukose. Gifte, Medikamentenbestandteile und Alkohol baut die Leber ab. Bei den vielen Aufgaben der Leber mag es beruhigend erscheinen, dass sie eine hohe Regenerationsfähigkeit besitzt, jedoch darf man nicht vergessen, dass es bei extremer, andauernder Belastung schnell zu einer Überlastung kommen kann.

Ursachen sind zu viel Alkohol und Überernährung

Ein Feierabendbier, ein Glas Wein zum Essen, ein Cocktail auf einer Party mit Freunden, ein Schnäpschen zur Verdauung: Alkohol ist ein oft täglicher Genuss im Alltag. Dass übermäßiger sowie regelmäßiger Konsum gesundheitsgefährdend auf viele Bereiche des Körpers und insbesondere auf die Leber ist, sollte man ernst nehmen. Die vom Körper täglich vertragene Menge Alkohol ist geringer, als viele Menschen glauben. Derzeit definiert die Deutsche Gesellschaft für Ernährung als gesundheitlich unbedenkliche Obergrenze eine Höchstmenge von 140 g pro Woche für Männer und 70 g für Frauen. Um einem Missverständnis vorzubeugen, noch mal ganz deutlich: Die Obergrenze ist kein Ziel, das man mit seinem Trinkverhalten anpeilen sollte. Sie darf keinesfalls als Empfehlung missverstanden werden, wöchentlich diese Alkoholmenge zu konsumieren. Gar keinen Alkohol zu trinken, ist das Beste.

Da wir in Bezug auf unsere Ernährung in einem wahren Schlaraffenland leben, fällt es schwer, den Verlockungen von reichlich zucker- und fetthaltigen Lebensmitteln zu widerstehen. Wird dem Körper aber zu viel Energie zugeführt, die er durch zu wenig Bewegung nicht verbrauchen kann, lagert sich der Überschuss nicht nur unter der Haut an, sondern auch im Bauchraum und in der Leber als Fett ab. Das belastet die Leber zusätzlich zu ihren normalen Funktionen. Unter Umständen kann sie dann ihre Aufgaben, im Körper Gifte abzubauen und die Verdauung zu unterstützen, nicht mehr vollständig erfüllen.

Die Top 3 gegen eine Fettleber

Um Ihrer Leber täglich etwas Gutes zu tun, beherzigen Sie bitte die folgenden Regeln:

- Steigern Sie Ihre Ballaststoffzufuhr mit Haferflocken: 50–80 g Haferflocken am Tag bei einer ansonsten ausgewogenen Ernährung tun Ihrer Leber besonders gut.
- Vermeiden Sie Zucker, Zuckeralternativen, Trauben- und Fruchtzucker (Säfte, Süßigkeiten) und verzehren stattdessen lieber Gemüse, Obst, Vollkornprodukte und Hülsenfrüchte.
- Machen Sie einen Bogen um gesättigte Fettsäuren (Sahne, Wurst, fetter Käse, fettes Fleisch, gehärtete Fette wie Palmfett und Kokosfett) und verwenden stattdessen besser fetthaltige, pflanzliche Lebensmittel z. B. Oliven, Nüsse, Avocado, Oliven-, Raps- und Leinöl

Wie zeigt sich eine Fettleber?

Bei den meisten Betroffenen verfettet die Leber über einen längeren Zeitraum, ohne dass diese es bemerken. Neben offensichtlichen Risikogruppen (Menschen mit übermäßigem Alkoholkonsum oder starkem Übergewicht) können auch Menschen erkranken, die schlank oder nur leicht übergewichtig sind: die sogenannten TOFIs (Seite 18). Wenn Umfang und Gewicht der Leber zunehmen, kann es zu sehr unspezifischen Symptomen kommen: Druckgefühl im rechten Oberbauch, Appetitverlust, Müdigkeit, Abgeschlagenheit, Blähungen, Völlegefühl und Übelkeit.

Eine Fettleber wird daher meist zufällig bei Untersuchungen, die aus anderen gesundheitlichen Gründen durchgeführt werden, entdeckt. Hinweise auf eine vorliegende Fettlebererkrankung geben verschiedene Leberwerte, die bei einer Blutuntersuchung gemessen werden. Dazu zählen: Gamma-Glutamyltransferase (GGT), Alanin-Aminotransferase (ALT) und Aspartat-Aminotransferase (AST).

Die beste Vorbeugung und Therapie ist eine gesunde Ernährung wie sie in diesem Buch beschrieben wird. Empfehlenswert ist der Verzicht auf Alkohol und Drogen, genügend und regelmäßiger Schlaf und eine achtsame Lebensführung mit viel Bewegung im Alltag und Sport.

Alles wissen über Hafer

Im Mittelalter waren Haferbrei und -fladen ein weit verbreitetes Lebensmittel, bevor Weizen seinen Siegeszug antrat. Heute hat Hafer – von Haferflocke bis -creme – wieder einen festen Platz in der Küche.

Hafer (Avena sativa) gehört wie Weizen, Roggen und Gerste zu den Süßgräsern. Die Belege für einen ersten Anbau von Hafer stammen aus der Region nördlich des Schwarzen Meeres und sind auf 5000 v. Chr. datiert. In der Schweiz und nördlich der Donau wurde die Getreideart in der Bronzezeit angebaut. Erst ab dem Mittelalter wurde Hafer auch im Süden Europas genutzt. Hafer wächst in gemäßigten, feuchten Klimaregionen mit hohen Niederschlägen. Anbauregionen sind heute Nordamerika, Nord- und Mitteleuropa und Russland bis zum Ural. Im Mittelalter wurden vor allem Haferbrei und Haferfladen gegessen, Weißbrot aus Weizen kannte man zu der Zeit noch nicht. Heute dient Hafer vorwiegend als Futtermittel für Pferde. Als Haferflocken, -grütze und -kleie hat er aber immer einen festen Platz in der Küche des Nordens behalten. Porridge gab es in all diesen Ländern schon immer. Neu hinzugekommen sind Haferdrink und Hafercreme. Hafer war als Lebensmittel noch nie so beliebt wie heute!

Haferpflanze

Hafer hat 15–30 cm lange Rispen, die sich sanft nach unten neigen. An der Spitze tragen die Rispen Ährchen mit 2–3 Blüten, von denen meist nur 2 fruchtbar sind. Hafer ist ein Selbstbestäuber. Die spindelförmigen Körner sind bei der Reife mit der kurzbegrannten Deckspelze und der Vorspelze fest verwachsen. Die Spelzen umgeben das eigentliche Korn. Bisher gab es auf der ganzen Welt keinen gentechnisch veränderten Hafer. Im Mai 2022 wurde das vollständig entschlüsselte Genom des Kulturhafers und seiner nächsten verwandten Wildarten veröffentlicht. Somit ist es jetzt möglich, Hafer genetisch zu verändern. Ob dies sinnvoll ist, halte ich persönlich für fraglich.

Haferkorn Der Bauer erntet auf dem Feld das Haferkorn mit seinen Spelzen. Der Spelz ist eine Schale um das Haferkorn, was der Müller erst einmal entfernen muss. Die Haferkörner werden von Spelzresten und Staub gereinigt. Das ausgelöste Korn, das wir in 500-g- oder 1-kg-Packungen im Bio- oder Drogeriemarkt bzw. Reformhaus kaufen können, ist ein Vollkornprodukt. Neben dem Mehlkörper sind der Keimling und die verschiedenen Schalen des Hafers vorhanden.

Haferflocken In der Industrie wird der Hafer erhitzt, damit die Enzyme im Korn deaktiviert werden. Die Haferflocke würde ansonsten sehr schnell ranzig werden. Danach werden die Körner zwischen 2 Stahlwalzen platt gedrückt. Dabei entstehen Haferflocken. Sie müssen nur noch getrocknet und dann abgepackt werden.

© Tatiana/stock.adobe.com

Sie können Haferflocken auch selbst herstellen, indem Sie diese in eine Haferquetsche oder einen Haferflocker geben. Es handelt sich um ein kleines Gerät, bei dem die Walzen sich in die gleiche Richtung drehen und das Korn plattdrücken. Kleinblättrige Haferflocken lassen sich herstellen, indem der Hafer zuvor in einem Multifunktionsküchengerät angestoßen wird und gut bricht.

Großblatt und Kleinblatt

© Moving Moment/stock.adobe.com

Bei den großblättrigen Haferflocken wird das Haferkorn im Ganzen gequetscht bzw. geflockt. Bei den kleinblättrigen Haferflocken werden zuvor die Körner in Scheiben geschnitten. Und danach kommen sie in die Walze. Nährwert und Energiewert dieser beiden Flocken sind identisch. Da die kleinblättrigen Haferflocken dünner sind und damit mehr Oberfläche haben, saugen sie Flüssigkeiten besser, binden also besser und die Gerichte werden sämiger. Haferflocken sind ein Naturprodukt. Der Ballaststoffgehalt schwankt. Auf den Verpackungen von Haferflocken finden wir Nährwertangaben. Der Ballaststoffwert wird dort ausgewiesen. Sie können zwischen den einzelnen Marken den Ballaststoffgehalt vergleichen. Er schwankt um bis zu 4 g pro 100 g Haferflocken.

Lösliche Haferflocken – was ist das? Diese zartschmelzenden Haferflocken sind hauchfeine, sofort lösliche Vollkornflocken aus gemahlenem Hafer. Sie enthalten die Bestandteile des ganzen Getreidekorns

und sind meines Erachtens gut geeignet für Babybreie, Smoothies und andere Getränke, in denen sich die Flocken auflösen sollen. Aus Gesundheitsgründen würde ich aber ansonsten den anderen Haferflocken beim Kochen und Backen den Vorrang geben.

Hafergrütze Mit Hafergrütze ist grob gebrochener bzw. geschnittener Hafer gemeint. Er ist unter anderem auch das Ausgangsprodukt für kleinblättrige Haferflocken. Grütze wird gerne unter Vollkornbrotteig gerührt und ist ein Muss beim Oldenburger Grünkohl (Rezept Seite 97).

Selbst gemacht: Hafer in einer Getreidemühle sehr grob mahlen, hier drehen sich die Mühlsteine gegeneinander. Im Multifunktionsküchengerät kann man das Korn kurz mahlen und so werden die Körner nur grob angestoßen.

Haferkleie Haferkleie ist die gebrochene Schale des Haferkorns. Der Mehlkörper wird entfernt. Es gibt 2 Varianten: Der Keimling bleibt im Schalenanteil oder wird entfernt. Haferkleie enthält mehr Ballaststoffe, Vitamine und Mineralstoffe als Haferflocken. Doch ist sie nicht so vielfältig einsetzbar.

Selbst gemacht: Hafer in einer Getreidemühle grob mahlen. Dann das Mehl sieben. Im Sieb bleiben die Kleie und das Mehl, was unten raus fällt, ist kein Vollkornmehl.

Hafermehl bzw. Haferflockenmehl Das Endergebnis ist das Gleiche. Hafer oder Haferflocken werden zu Mehl vermahlen. Hafermehl ist in der Regel ein Vollkornmehl.

Selbst gemacht: Hafer in einer Getreidemühle fein mahlen. Auch mit vielen Multifunktionsgeräten oder in hochwertigen Mixern lassen sich kleine Hafermengen mahlen. Für das Multifunktionsgerät und die Mixer eignen sich Haferflocken besser. Das Ergebnis ist nahezu identisch.

Haferdrink »Hafermilch« ist die im allgemeinen Sprachgebrauch übliche Bezeichnung. Nach EU-Recht wird der Begriff »Haferdrink« auf den Produkten verwendet, denn Milchersatz darf in der Europäischen Union nicht mit der Bezeichnung »Milch« in Verkehr gebracht werden.

Industriell sind entspelzte Haferkörner das Ausgangsmaterial. Diese werden gemahlen und mit Wasser vermengt. Je nach Verfahren wird noch eine Fermentation eingeschoben. Abschließend wird die Masse homogenisiert und die festen Bestandteile werden herausgefiltert. Die dabei anfallenden Filterrückstände, darunter Kleie, werden zum Verzehr aufbereitet.

Durch Zugabe pflanzlicher Öle kann das wässrige Extrakt emulgiert werden, dabei entsteht die typische weiße Farbe von Milch. Im Gegensatz zu Kuhmilch können in Hafermilch Süßungsmittel oder Vitamine, Mineralstoffe und Spurenstoffe sowie auch Konservierungsmittel und Verdickungsmittel hinzugegeben werden. Der Nährwert ist unterschiedlich. Für viele Haferdrink-Trinker ist der Anteil an Hafer ein wichtiges Qualitätskriterium. Umso mehr, desto besser. 10 % Haferanteil gilt als gut und der Kaloriengehalt von Haferdrink liegt grob zwischen 40 und 60 kcal – ähnlich wie der von Kuhmilch.

© photka/stock.adobe.com

Selbst gemacht: Man kocht Haferflocken in Wasser auf, lässt das Ganze über Nacht stehen, gibt 1 Esslöffel Öl und 1 Prise Salz dazu. Das Ganze wird im Mixer gemixt und dann abgeseiht. Selbstgemachte Hafermilch hält 3–5 Tage im Kühlschrank.

Hafercreme Hafercreme wird ähnlich wie Haferdrink hergestellt. Sie wird aber mit einem viel höheren Anteil an pflanzlichen Ölen angereichert. Wenn Sie sich wie Schlagsahne schlagen lässt, braucht es eine Menge an Verdickungsmitteln. Jeder Hersteller hat relativ freie Hand in der Kombination der Zutaten, so lässt sich auch nicht verbindlich etwas Genaues zu den Inhaltstoffen sagen.

Selbst gemacht: Bei der Hafercreme ist das Prinzip gleich, nur werden mehr Haferflocken im Verhältnis zum Wasser verwendet und der Ölanteil ist ebenfalls höher.

Hafer-Cerealien Im Supermarkt finden Sie Hafer-Cerealien, die eine gesundheitsbezogene Aussage tragen. Sie lauten bei Beta-Glucan wie folgt und heißen Health-Claims (gesundheitsbezogene Aussagen):

- »Beta-Glucane tragen zur Aufrechterhaltung eines normalen Cholesterinspiegels im Blut bei.«
- »Die Aufnahme von Beta-Glucanen aus Hafer oder Gerste als Bestandteil einer Mahlzeit trägt dazu bei, dass der Blutzuckerspiegel nach der Mahlzeit weniger stark ansteigt.«

Diese Produkte sind so konzipiert, dass man beim Verzehr 3 g Beta-Glucan pro Tag oder 4 g Beta-Glucan je 30 g verfügbare Kohlenhydrate aufnimmt. 100 g Hafer und direkt daraus hergestellte Produkte wie Haferflocken und -grütze enthalten als Richtwert etwa 4,5 g Beta-Glucan, also mehr. Der Gehalt kann aber abhängig von Standort, Wetter und vielen anderen Faktoren schwanken. Daher dürfen sie diese Health-Claims nicht tragen, obwohl sie eigentlich die gesünderen Produkte sind.

Langfristig gesund abnehmen

Die Haferkur ist keine einseitige Diät, sondern Sie kurbeln Ihren Stoffwechsel und das Abnehmen mit wenigen Hafertagen an und wechseln dann auf ausgewogene Kost.

Auch wenn wir wissen, dass unser Gewicht auch genetisch beeinflusst wird, haben wir bisher noch kein Medikament, das uns schlank machen kann. Der erfolgreichste Weg ist eine Änderung des Lebensstils. Es reicht nicht aus, ab und zu ein bisschen gesund zu essen. Eine echte Ernährungsumstellung ist Pflicht, mehr Bewegung ist eine sinnvolle Unterstützung. Worauf es dabei ankommt, erfahren Sie in diesem Kapitel. Natürlich spielt Hafer dabei als Superfood zum Abnehmen eine wichtige Rolle. Seine vielfältigen Effekte nutzen Sie am besten, wenn Sie mit 3–4 reinen Hafertagen beginnen und anschließend täglich Haferflocken auf dem Speiseplan haben. Denn Haferflocken machen auf vielfache Weise schlank: Sie dehnen den Magen, sie verlangsamen die Abgabe des Zuckers aus dem Darm in die Blutbahn, sie senken den Insulinspiegel und sie erhöhen das Energiehormon GLP-1.

Starten Sie mit 3–4 Hafertagen

Sie essen 3-mal am Tag 1 Portion Haferflocken. Die Menge richtet sich nach Ihrer Körpergröße. Die Körpergröße in cm minus 100 ergibt die Portion Haferflocken, die Sie pro Mahlzeit essen können. Die Hafertage sind ganz einfach zu gestalten. Sie sind z. B. 1,70 m groß, dann ist Ihre Haferflockenmenge pro Mahlzeit 70 g.

Zubereitung der Haferflocken: Die Haferflocken mit 300–500 ml Wasser oder Bouillon kurz aufkochen und ca.

5 Minuten im geschlossenen Topf quellen lassen. Je nach Geschmack mit Kräutern, Zwiebeln, Gemüse oder Beeren verfeinern. Wer aufs Kochen verzichten will, der lässt die Haferflocken in kaltem Wasser für einige Stunden quellen. Wer mehr Aroma von seinen Haferflocken haben möchte, kann diese vor der weiteren Verarbeitung in einer beschichteten Pfanne ohne Fett leicht rösten.

Folgende Zusätze sind pro Tag zur geschmacklichen Abwechslung erlaubt:

- 50 g Erdbeeren, Blaubeeren oder Himbeeren, auch anderes Obst, aber Beeren sind besonders zuckerarm
- 100 g fein geschnittenes Gemüse zusammen mit den Haferflocken gekocht (z. B. Lauch, Brokkoli, Zucchini, Möhre, Pastinake, Champignons, Zwiebeln, Knoblauch, aber keine Hülsenfrüchte, grüne Erbsen und Mais)
- Kräuter und Gewürze (Petersilie, Thymian, Minze, Zimt, abgeriebene Zitronenschale ...) sind erlaubt und sinnvoll, denn so schmecken die Hafertage auch richtig gut
- etwas Süßstoff (wenn man sonst die Breie nicht essen kann)
- etwas Salz (das heißt 1 Prise oder 1Messerspitze)
- ganz wichtig, mindestens 2 Liter Wasser oder ungesüßten Kräutertee trinken
- möglichst auf Koffein aus Kaffee und schwarzen wie grünen Tee verzichten. Wer es nicht aushält, darf täglich 1 Tasse davon trinken.

Sie können Ihre Hafertage gemäß dieser Prinzipien nach eigenen Geschmacksvorlieben gestalten oder Sie lassen sich von den Rezepten für »Mein schlanker Hafertag« (Seite 8) inspirieren.

Länger als 3–4 Tage sollte diese überwiegende Ernährung mit Haferflocken nicht dauern, auch wenn Sie schon erste Abnehmerfolge verspüren. Die Haferflocken bleiben nun Ihre Verbündeten im Kampf gegen das Bauchfett, doch nun wechseln Sie bitte zu einer ausgewogenen und abwechslungsreichen Ernährung, deren Prinzipien hier erläutert werden.

Kein Tag ohne Haferflocken

Haferflocken sollten am besten täglich auf Ihrem Speiseplan stehen. Sie werden vielleicht überrascht sein, wie vielfältig sie in der Küche einsetzbar sind. Daneben dürfen Sie reichlich Gemüse und Obst in Maßen (einige Sorten sind sehr zuckerreich) verzehren. Daneben stehen eiweißhaltige Produkte wie Joghurt, Quark und Käse sowie Hülsenfrüchte auf Ihrem Speiseplan. Abgerundet wird dies mit gesunden pflanzlichen Fetten aus Ölen und Nüssen.

Die 3-Mahlzeiten-Struktur ist aufgrund der super Sättigung von Hafer leicht durchführbar. Der hohe Ballaststoff- und Proteingehalt von Haferflocken sorgt für ein lang anhaltendes Sättigungsgefühl, was Heißhungerattacken effektiv entge-

DER HAFERKUR-ERNÄHRUNGSKREIS

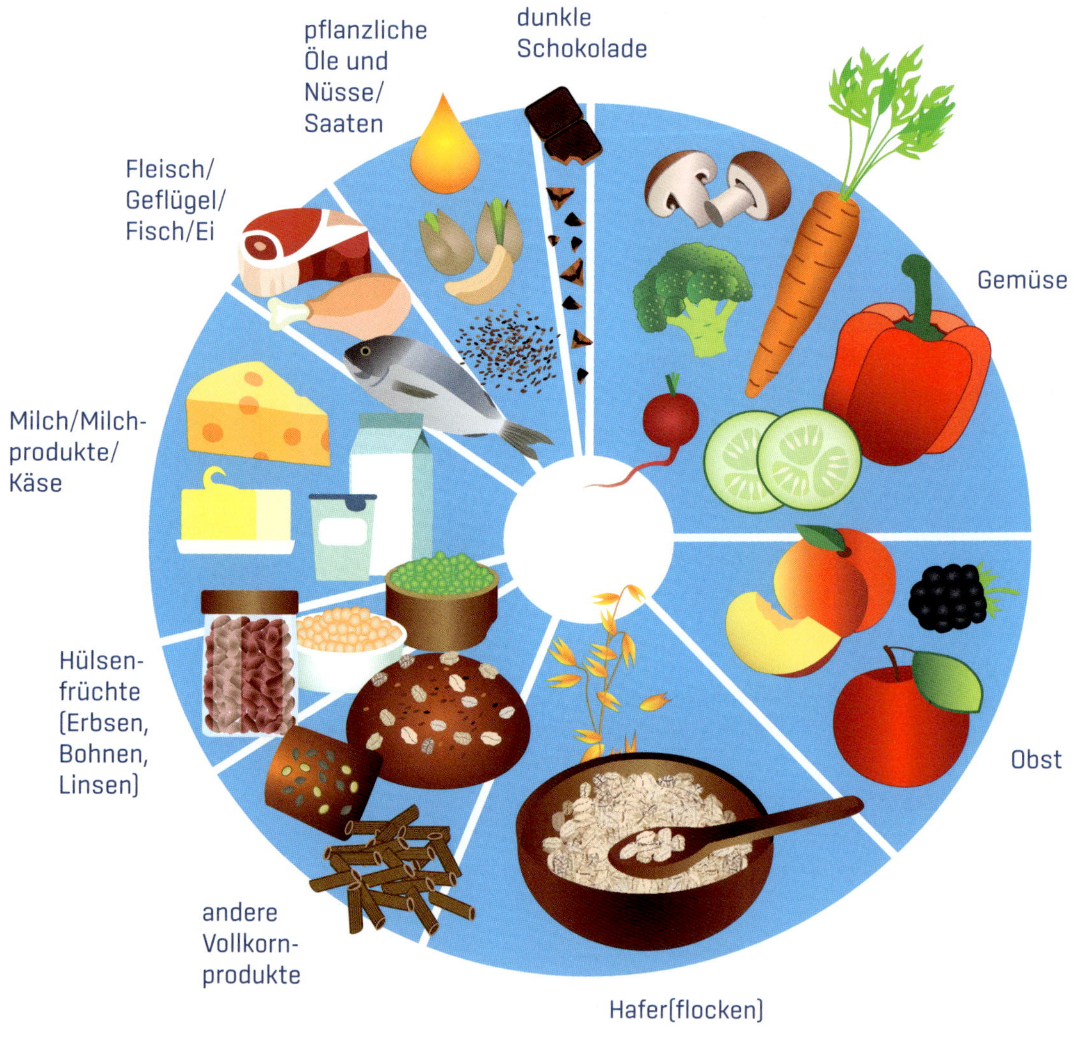

So setzt sich eine ausgewogene, gesunde Ernährung zusammen, mit der Sie langfristig abnehmen und Ihr Gewicht halten können.

genwirkt und die Lust auf Süßigkeiten und Fast Food verringert. Zudem zählen Experten einen niedrigeren Cholesterin- und Blutzuckerspiegel sowie ein geringeres Risiko von Herzkrankheiten und Dickdarmkrebs zu den Benefits der Haferflocken in einer sonst ausgewogenen Ernährung.

Vollkornprodukte wie Haferflocken liefern zudem wichtige stoffwechselregulierende Mineralien wie Magnesium und Zink. Vitamine, wie Biotin, Folsäure, Vitamin B_1, B_2, B_6, gelten als effektive Beauty-Booster. Das enthaltene Vitamin E und die sekundären Pflanzenstoffe wirken als Antioxidanzien und schützen die Zellen von innen vor freien Radikalen und wirken als Fettkiller.

Eiweiß – Powerstoff beim Abnehmen

Eiweiß dient in erste Linie zum Erhalt der Muskelmasse. Doch hat Eiweiß eine Vielzahl von Funktionen im Körper und gilt auch als ein talentierter Abnehmhelfer. Denn wer ausreichend Eiweiß isst, bleibt länger satt. Eiweiß wird unabhängig von Insulin verstoffwechselt und der Verzehr von Eiweiß führt zu keinem Anstieg des Blutzuckerspiegels. Heiß- und Süßhunger oder auch nur der gelegentliche Griff zum Süßen lassen bei einer eiweißbetonten Ernährung deutlich nach. Außerdem ist Eiweiß beim Abnehmen wichtig, um den Abbau der Muskelmasse zu verhindern. Sie müssen nicht viel Fleisch essen, um gut mit Eiweiß versorgt zu sein. Optimal sind für Ihre Eiweißversorgung Gerichte, die pflanzliches und tierisches Eiweiß kombinieren. Hafer hat im Vergleich zu Weizen und Dinkel einen etwas höheren Gehalt an Eiweiß. Haferflocken enthalten beachtliche 12 g Eiweiß pro 100 g Flocken. Im Alltag sollte das Korn mit anderen Eiweißquellen kombiniert werden, damit alle Aminosäuren (die Eiweißbausteine) aufgenommen werden.

Machen Bohnen & Co. dick?

Nein, ganz im Gegenteil. Erbsen, Bohnen und Linsen helfen wie die Haferflocken gegen ungebremsten Appetit. Leguminosen oder Hülsenfrüchte, so heißen sie zusammengefasst, sättigen so nachhaltig, dass Sie selbst am nächsten Tag noch weniger essen als sonst.

Bohnen, Kichererbsen, Linsen und andere Hülsenfrüchte sind eine tolle und eiweißreiche pflanzliche Alternative zu Fleisch und Fisch. Im Vergleich zu den tierischen Eiweißquellen enthalten sie nicht nur Protein, sondern sind reich an Ballaststoffen, enthalten viel Eisen und Magnesium und halten wie Haferflocken Ihren Blutzuckerspiegel konstant. Die Kombi Haferflocken und Hülsenfrüchte ist ein Turbo-Abnehmtraumpaar. Viele meiner Rezepte haben diese Kombination und sind nebenbei megalecker. Linsen-, Kidneybohnen- und Weiße-Bohnen-Bratlinge sowie Falafel mit Haferflocken finden Sie als Rezept in diesem Buch. Weitere eiweißreiche Rezeptbeispiele sind Haferflocken mit Fleisch (Putenschnitzelchen in Haferpanade), Hafer mit Ei (Haferbuletten), Hafer mit Milchprodukten (Haferdip), Haferflocken mit Milch (Müsli).

Nährwerte von gegarten Hülsenfrüchten aus der Dose (Abtropfgewicht)*

	Energie in kcal	Energie in KJ	Eiweiß in g	Fett in g	Kohlen-hydrate in g	Ballast-stoffe in g
Linsen	82	343	6	0	12	3
weiße Bohnen	98	420	7	0	14	6
Kidney-Bohnen	124	520	9	0	15	9
Kichererbsen	98	410	6	0	15	6

* nach Herstellerangaben

Für wen lohnt sich Eiweißpulver?

Viele Menschen überlegen oder verwenden Eiweißdrinks, um abzunehmen. Doch ist ihr echter Mehrwert für die meisten Abnehmwilligen zweifelhaft. Natürlich brauchen alle Menschen zum Aufbau und Erhalt ihrer Muskulatur Eiweiße, aber über eine haferflockenreiche und hülsenfrüchtereiche Ernährung, die ich Ihnen mit den Rezepten in diesem Buch anbiete, ist die Verwendung von Eiweißpulver nicht wirklich nötig.

Für Abnehmwillige können solche Drinks gar kontraproduktiv sein. Um eine Vorstellung zu haben, wie viel Eiweiß wir so konsumieren, sollten Sie sich vor Augen halten, dass wir am Tag 0,8 g Eiweiß pro kg Körpergewicht brauchen. Wir Deutschen konsumieren aber im Schnitt ohnehin 1,1 g Eiweiß pro kg Körpergewicht am Tag.

Kann zu viel Eiweiß schädlich sein?

Fast jede Nährstoffüberdosierung hat Nebenwirkungen, daher sollten Eiweißpulver nur eingesetzt werden, wenn wirklich wenig eiweißhaltige Lebensmittel gegessen werden. Denn ein erheblicher Nachteil von Eiweißshakes ist, dass es bei einem zu hohen Eiweißkonsum zu einer Übersäuerung des Körpers kommen kann. Eiweiße können den Säure-Basen-Haushalt aus dem Gleichgewicht bringen, was schnell zu Müdigkeit und Erschöpfung führt. Außerdem zeigen die Studienergebnisse zu Eiweißpulver nur dann einen Vorteil bzw. Effekt auf das Körpergewicht, wenn gleichzeitig die tägliche Kalorienmenge auf 1500 kcal am Tag heruntergeregelt wird. Mit jedem g Eiweißpulver, das Sie in Ihr Essen geben, nehmen Sie 4,2 kcal zu sich.

Überschüssiges Eiweiß nutzen die Körperzellen zur Energiegewinnung: Dabei entstehen Abfallstoffe, die die Nieren belasten. Gefährlich wird es aber meist nur bei eingeschränkter Nierenfunktion. Außerdem ist es sinnvoller, Proteine aus natürlichen Nahrungsmitteln zu essen; auf diese Weise läuft man weniger Gefahr, zu eiweißreich zu essen oder sich zu einseitig zu ernähren.

Eiweißpulver gegen Heißhunger

Dennoch ist es für Personen, die extrem unter Heiß- und Süßhunger leiden, sinnvoll, nach einem Eiweißpulver zu greifen, um die Sättigung nahezu blutzuckerneutral zu regulieren. Beachten Sie aber bitte, dass Sie ein reines Eiweißpulver oder eines mit mindestens 80 % Eiweißgehalt verwenden. Dies können Sie aus der Nährwerttabelle des Produkts entnehmen.

Da ich mir sicher bin, dass die Mehrzahl meiner Leserinnen und Leser kein zusätzliches Eiweißpulver braucht und es eben eine unerwünschte Kalorienanreicherung darstellt, habe ich bei der Rezeptentwicklung auf den Zusatz von Eiweißpulver weitgehend verzichtet.

Wenn Sie jedoch zu den Heißhunger-Typen gehören, können Sie bei nahezu allen Rezepten 1–2 Esslöffel neutrales Eiweißpulver (Caseinprotein, Molkenprotein oder eine Mischung aus beiden) zugeben. Gut zu wissen ist, dass die Eiweißpulver auf Basis von Casein und Molkenprotein (Milcheiweiß) dem pflanzlichen Eiweißpulver im Erfolg beim Abnehmen und Muskelaufbauen überlegen sind. Eiweißpulver auf pflanzlicher Basis dürfen Sie natürlich auch verwenden, doch diese Eiweiße sind nicht nur beim Abnehmen weniger effektiv, sie quellen stark und können daher bei der Zubereitung der Rezepte das Ergebnis ein wenig zum Negativen beeinflussen. Bei der Verwendung von Eiweißpulver auf pflanzlicher Basis ist es daher sinnvoll, ein wenig Wasser zusätzlich zu den Rezepten zu geben.

Pflanzliche Öle sind unverzichtbar

Falls Sie beim Fett »auf Teufel komm raus« sparen, sollten Sie diese Strategie überdenken. Fette sind sehr lange Moleküle, sie liegen eng aneinander und müssen erst mühsam in Magen und Darm aufgespalten werden. Das braucht Zeit und so liegen sie im wahrsten Sinne des Wortes länger im Magen und machen uns somit auch nachhaltiger satt. Außerdem werden während der Verdauung der Fette die Hormone in der Darmschleimhaut gebildet, die dem Hunger-Sättigungs-Zentrum im Gehirn das Signal »sättigend« geben.

Gesunde Fette aus pflanzlichen Ölen haben zwar viele Kalorien, aber Sie halten den Blutzuckerspiegel stabil und machen Sie schlank. Versuchen Sie, die gesunden Fette mit den guten komplexen Kohlenhydraten, wie im Hafer, zu kombinieren, denn so bleiben Sie richtig lange satt. Essen Sie zum Beispiel Vegane Haferschnitzelchen (Seite 96) gebraten in viel extra nativem Olivenöl, dann gelangen die Kohlenhydrate sehr langsam in Ihren Körper und somit steigt der Blutzuckerspiegel kaum und Sie bleiben sehr lange satt. Heißhunger und die Lust auf Süßes werden so deutlich reduziert. In Lachs, Hering und Makrele, aber auch in Leinsamen und Walnüssen sowie deren Ölen und Hanf- und Rapsöl ist das Super-Power-Fett reichlich vorhanden. Es handelt sich um die mehrfach ungesättigten Omega-3-Fettsäuren. Sie hemmen Entzündungsprozesse in unserem Körper und machen weniger dick, da diese Fettsäuren einen verstärkten Einfluss auf unsere Hunger- und Sättigungshormone haben.

Welches Öl hilft Ihnen am besten?

Die drei Stars unter den Fettsäuren heißen alpha-Linolensäure, Eicosapentaensäure und Docosahexaensäure und gehören alle drei zu den sogenannten

Olivenöl macht schlank

Traditionell wird in der mediterranen Küche nahezu ausschließlich Olivenöl verwendet. Dabei wird nicht gespart; der Pro-Kopf-Verbrauch an Olivenöl liegt in den Mittelmeerländern bei über 10 Litern im Jahr. In Deutschland verbrauchen wir pro Person und Jahr weniger als 1 Liter. Viele wissenschaftliche Beobachtungsstudien kommen immer wieder zu dem verblüffenden Ergebnis, dass der tägliche Konsum von Olivenöl gegenüber einer fettreduzierten Ernährung nicht nur gesundheitlich, sondern auch bezogen auf das Gewichtsmanagement besser abschneidet. Was macht Olivenöl so wertvoll? Zu über 70 % enthält Olivenöl die einfach ungesättigte Fettsäure Ölsäure und es ist reich an natürlichen Antioxidanzien, vor allem an Vitamin E. Olivenöl gilt inzwischen als ausgewiesener Gesundmacher. Es gibt nicht wenige Experten, die täglich bis zu 2 Esslöffel Olivenöl empfehlen. Auch gilt Olivenöl nach neuster Studienlage als Bauchfettburner. Ölwechsel ist angesagt: Olivenöl, Rapsöl und Leinöl belegen die ersten 3 Plätze unter den schlank machenden Ölen.

Omega-3-Fettsäuren. Sie haben von ihnen bestimmt schon gehört, vielleicht durch die Werbung für Fischölkapseln.

Um sehr gut mit der Omega-3-Fettsäure alpha-Linolensäure versorgt zu sein, sollten Sie Leinöl und Rapsöl zusätzlich zum Hafer in Ihr Essen integrieren. Leinöl lässt sich nur für die kalte Küche verwenden, da es so viel von diesen wertvollen Fettsäuren besitzt. Omega-3-Fettsäuren sind sehr hitzeempfindlich. Kocht, backt oder brät man mit Leinöl, dann wird die Fettsäure zu einer ungesunden Trans-Fettsäure umgebaut. Das gilt es zu vermeiden. Leinöl ist ein idealer Begleiter durch den Tag. Morgens 1 Teelöffel ins Müsli oder Porridge, abends 1 Teelöffel ans Salatdressing. Das reicht schon. Leinöl ist generell ein empfindliches Öl. Am besten lagert es daher im Kühlschrank. Kühl und dunkel, das ist perfekt für eine lange Haltbarkeit des Öls. Die Haltbarkeit von Leinöl liegt bei 3–6 Monaten. Sobald das Öl ranzig schmeckt oder riecht, haben sich die Omega-3-Fettsäuren in gesundheitsschädliche Transfettsäuren verwandelt. Das Öl sollten Sie dann nicht mehr verwenden. Da der Anteil von Omega-3-Fettsäuren in Rapsöl deutlich kleiner ist, ist es weitaus weniger empfindlich. Solange auf der Flasche nichts anderes vermerkt ist, können Sie es zum Backen, Braten und Kochen verwenden. Auch Hanföl und Walnussöl sind reich an diesem Super-Power-Fett. Die Gegenspieler der Omega-3-Fettsäuren sind die Omega-6-Fettsäuren (z. B. Linolsäure), die genau die gegenteilige Wirkung haben, also Entzündungsprozesse fördern. Ein hoher Anteil an Linolsäure, also Omega-6-Fettsäuren, reduziert die Wirkung der guten Omega-3-Fettsäuren. Omega-6-Fettsäuren kommen in großen Mengen in Sonnenblumenöl und Distelöl vor. Die Verwendung dieser beiden Öle sollte sehr sparsam erfolgen.

Omega-3- und Omega-6-Fettsäuren in Speiseölen*

	Omega-6-Fettsäure	**Omega-3-Fettsäuren**
Arganöl	33	‹ 1
Distelöl	77	1
Hanföl	56	26
Kokosöl	2	0
Leinöl	14	53
Olivenöl	10	1
Palmöl	9	‹ 1
Rapsöl	19	9
Sesamöl	41	‹ 1
Sojaöl	51	7
Sonnenblumenöl	66	0
Walnussöl	12	60

* Zahlen gerundet; basierend auf den Angaben des United States Departments of Agriculture (USDA)

Obst und Gemüse machen das Leben bunt

Wer viel Gemüse und täglich 2 Portionen Obst isst, kommt an viele gesunde Vitalstoffe und an wenig Kalorien, ohne dabei wirklich zu hungern. Neben Hafer dürfen Sie täglich reichlich Gemüse und Obst verzehren. Als Richtwert gelten 400 g Gemüse und 250 g Obst pro Tag. Viele Studien belegen, dass neben dem Konsum von Hafer auch der Konsum von viel Gemüse und moderaten Mengen an Obst die Kilos purzeln lässt. Und so ganz nebenbei tun Sie auch etwas für Ihre Gesundheit: Das Risiko, an Krebs und Herz-Kreislauf-Erkrankungen zu erkranken, wird durch einen hohen Konsum von pflanzlicher Kost deutlich gesenkt.

Je nach Farbe des Gemüses oder der Früchte unterscheidet sich die Wirkung auf unseren Körper:

- Tomaten, Paprika oder Himbeeren liefern Vitamin C, das die Fettverbrennung ankurbelt. Sie enthalten Antioxidanzien, die unter anderem vor Hautalterung schützen.
- Spinat, Avocado oder Kiwi punktet mit dem Farbstoff Chlorophyll, der das Blut säubert und uns das Eisen richtig in unseren Blutkörperchen platziert. So sind wir fit und körperlich leistungsfähiger z. B. beim Sport. Außerdem ist grüne Pflanzenkost reich an Vitamin K, Kalium, Eisen und Kalzium.
- Blaubeeren, Pflaumen oder Rotkohl (Blaukraut) besitzt den höchsten Gehalt an Antioxidanzien, die unsere Zellen jung halten und das Krebsrisiko senken.
- Kürbis, Kartoffeln, Möhren oder Mango sind ideale Vitamin-C-Quellen und erhöhen die Fettverbrennung des Körpers. Und sie versorgen uns mit Carotinoiden, die die Verdauung fördern.

Obst und Gemüse wollen gut behandelt werden

Folgende Punkte sind entscheidend: Beim Kochen und Braten von Gemüse sollten Sie sparsam mit Fett und Salz umgehen. Für das Obst heißt es, bitte mit Schale! Verzehren Sie die Früchte, wenn möglich, immer mit Schale, denn dort verstecken sich die meisten Nährstoffe sowie die sättigenden Ballaststoffe. Apfel, Birne, Pfirsich und jegliche Art von Beeren müssen nur gewaschen werden, bevor sie verzehrt werden.

Purer Genuss ist am gesündesten

Obst sollten Sie in seiner natürlichen Form roh verzehren. Verzichten Sie auf Dosenobst. Bei der Verarbeitung von Äpfeln und Beeren zu Kuchen und Kompott wird meist viel Zucker hinzugefügt, wodurch die Kalorien pro Portion in die Höhe klettern. Wenn Sie selbst mit Obst kochen und backen, tauschen Sie den Zucker gegen Zuckeraustauschstoffe wie Xylit und Erythrit aus.

Ballaststoffgehalt von Obst- und Gemüsesorten

Lebensmittel	Ballaststoffgehalt (pro 100 g)
Früchte	1,4 g (Ananas) bis 4,7 g (Himbeeren)
Gemüse	1,2 g (Rettich) bis 4,8 g (Grünkohl)
Hülsenfrüchte (gekocht)	2,8 g (Linsen) bis 6,0 g (Kidneybohnen)
Trockenobst	5,2 g (Rosinen) bis 9,6 g (Feigen)
Nüsse, Samen, Kleie	6,3 g (Sonnenblumenkerne) bis 45,3 g (Weizenkleie)

Obst naschen

Sie naschen für Ihr Leben gern? Das dürfen Sie auch weiterhin, wenn Sie die folgenden Punkte beachten. Denn es ist besser, das Bedürfnis nach etwas Süßem gezielt zu stillen, als wenn der Appetit auf Süßigkeiten in eine ungebremste Süßhungerattacke mündet. Kontrolliert zu naschen, statt strenger Verbote, hat sich als sehr gute Abnehmmethode erwiesen. Daher hat dieses Buch auch sehr leckere Nasch-Rezepte mit Haferflocken (Seite 118), die den Blutzucker langsamer als normale Süßigkeiten ansteigen lassen.

Wenn Sie Lust auf Süßes verspüren, schlage ich Ihnen folgenden Ablauf vor:

- Trinken Sie 1 Glas Wasser und warten Sie etwa 10 Minuten, ob der Süßhunger weg ist.
- Wenn nicht, essen Sie 1 Stück Obst (egal, ob Sie heute schon 2 Stück gegessen haben). Sie können das Obst essen, worauf Sie Lust haben bzw. was Sie gerade vorrätig haben. Natürlich ist es in Bezug auf den Kalorien- und Zuckergehalt besser, zuckerarmes Obst zu essen. Doch auch wenn Sie eine ganze Banane essen, macht das sicherlich nicht Ihr Abnehmziel kaputt. Wichtig ist: Genießen Sie das Obst, schneiden Sie es in Stücke. Dann essen Sie langsamer und genießen viel besser.
- Sie haben noch immer Lust auf Süßes? Dann greifen Sie gern zu den Balls oder Riegeln mit Hafer aus dem Buch (Seite 118), aber essen Sie davon bitte nicht mehr als 20–30 g. Auch hier gilt: Ihre süße Pause richtig zelebrieren – abschalten, hinsetzen und genießen.
- Ich bin sicher, so geht der Heißhunger weg! Nicht sofort, aber mit Geduld und mit der Zeit reduziert sich die Lust auf Süßes. Bitte kein schlechtes Gewissen haben; auch Schlanke essen süß. Es ist vermutlich eher eine Frage der Menge.

Obst und sein Zuckergehalt

Obst (100 g)	Kohlenhydrate = Zucker insgesamt (in g)	freie Fruktose (in mg)	freie Glukose (in mg)
Acerola	8	1,25	1,25
Ananas	13	2,44	2,13
Apfel	14	6,04	2,21
Apfelsine/Orange	12	2,52	2,23
Aprikose	11	0,87	1,73
Avocado	9	0,2	0,1
Banane	23	3,71	3,89
Birne	15	6,72	1,66
Brombeeren	10	3,11	2,96
Feige, frisch	16	5,51	6,99
Erdbeeren	8	2,3	2,19
Grapefruit/Pampelmuse	11	2,09	2,38
Hagebutte	38	7,3	7,3
Heidelbeeren	7	3,34	2,46
Himbeeren	12	2,05	1,78
Holunderbeeren	7	3,12	3,15
Johannisbeeren, rot	14	2,57	2,13
Johannisbeeren, schwarz	13	3,65	2,83
Kirsche, sauer	10	4,28	5,18
Kirsche, süß	13	6,14	6,93
Kiwi	15	3,54	4,49
Limette	11	0,8	0,8
Litchi	17	3,4	5,1
Mandarine	10	1,3	1,7

Obst (100 g)	Kohlenhydrate = Zucker insgesamt (in g)	freie Fruktose (in mg)	freie Glukose (in mg)
Mango	15	2,6	0,85
Mirabelle	14	4,3	5,1
Nektarine	11	1,79	1,79
Papaya	11	0,34	1,03
Passionsfrucht	23	3,97	5,13
Pfirsich	9	1,23	1,03
Pflaume	11	2,01	3,36
Quitte	15	4,29	2,67
Rhabarber	5	0,39	0,41
Stachelbeeren	9	3,33	3,01
Wassermelone	8	3,5	1,8
Weintrauben	17	7,53	7,37
Zitrone	9	1,35	1,4
Zuckermelone	8	1,3	1,6

*Angaben basieren auf den Daten des United States Departments of Agriculture (USDA)

Wie gefährlich ist Fruchtzucker?

Fruchtzucker ist der neue Sündenbock fürs Übergewicht und für die Fettleber. Viele verzichten daher auf Obst. Es ist richtig, dass in Obst Fruchtzucker ist. Das können Sie auch aus der Tabelle »Obst und Zuckergehalt« entnehmen. Fruchtzucker (auch Fruktose) ist ein Einfachzucker genauso wie Traubenzucker (Glukose). Zucker kann auch paarweise vorliegen als Zweifachzucker. Der herkömmliche Haushaltszucker, der aus Zuckerrüben und Zuckerrohr hergestellt wird, ist ein Zweifachzucker, biochemisch genannt Saccharose. Er besteht aus den beiden Einfachzuckern Fruktose und Glukose. Alle Zweifachzucker werden in unserem Dünndarm in einzelne Moleküle, also die beiden Einfachzucker, gespalten, bevor sie ins Blut gehen und dann verstoffwechselt werden. Fruchtzucker wird insulinunabhängig verstoffwechselt. Das hört sich erstmal gut an, ist es aber nicht.

Fruktose wird langsamer als Energiequelle genutzt und stört den Eiweiß- und Fettstoffwechsel. Sie sättigt schlechter als Glukose, da sie weder Einfluss auf die Insulin- noch die Leptinausschüttung hat. Beide Hormone kommunizieren mit dem Hunger-Sättigungs-Zentrum und melden, dass ausreichend Zucker (Glukose) bzw. Fett im Körper ist. Schwimmt viel Fruktose in unserem Körper, kann die Leber nicht richtig arbeiten, der Energiestoffwechsel wird gestört. Die Leber lagert Fett ein, dabei handelt es sich nicht unbedingt um Nahrungsfett, sondern um umgebaute Fruktose. Viel Fruchtzucker begünstigt also eine Fettleber. Und zudem erhöht zu viel Fruchtzucker die Harnsäure und trägt damit zur Gichtentstehung bei.

Die Verbraucherzentrale schlägt vor, dass wir täglich nicht mehr als 25 g Fruchtzucker mit der Nahrung aufnehmen sollen. Wenn Sie 2 Stück Obst (à 150 g) essen, bleiben Sie immer unter diesem Wert. Essen Sie dagegen z. B. 100 g Vollmilchschokolade, dann sind darin etwa 57 g Zucker (= Saccharose = Glukose + Fruktose) und somit 28,5 g Fruchtzucker enthalten. Sie essen keine Schokolade, aber vielleicht Gummibärchen? Eine halbe Tüte (100 g) wartet mit 78 g Zucker (= Saccharose = Glukose + Fruktose) und somit 39 g Fruchtzucker auf. Sie ahnen, worauf ich hinaus will? Ich möchte Ihnen sagen, essen Sie 2 Stück Obst am Tag und genießen Sie es. Es ist auch kein Drama, wenn Sie noch ein drittes Stück Obst essen. Verzichten Sie auf Süßkram, so gut es geht: Das sind Fruchtzuckerbomben!

Setzen Sie auf Vollkorn – nicht nur beim Hafer

Vergleicht man den Energiewert von Weißbrot, Toast, Roggenmischbrot und echtem Vollkornbrot, stellt man häufig fest, dass das Vollkornbrot gar nicht kalorienärmer ist und sogar mehr Kalorien hat als das Weißmehlbrot. Warum soll man also Vollkornbrot zum Abnehmen essen? Das Abnehmwunder steckt im ganzen Korn, und zwar in den enthaltenen Ballaststoffen. Dies sind unverdauliche Nahrungsbestandteile mit einem sehr hohen Quellvermögen. Ballaststoffe binden Wasser und vergrößern so das Volumen unseres Nahrungsbreies. Außerdem wirken sie sich positiv auf unseren Blutzuckerspiegel aus, da sie die Aufnahme von Zucker aus dem Darm in die Blutbahn verlangsamen. Diese beiden Effekte haben zur Folge, dass wir uns schneller und länger satt fühlen. Und nicht nur das: Vollkornprodukte wirken auch dem lästigen Heißhunger entgegen, der uns schon häufig verleitet hat, viel mehr Kalorien zu uns zu nehmen, als wir benötigen!

Weg von Weißmehlprodukten hin zu Vollkorn ist einfacher als gedacht. Vollkornprodukte lassen sich leicht in unsere alltägliche Ernährung einbauen. Neben Ihren täglichen Haferflocken könnten Sie mal Vollkornreis oder Vollkornnudeln probieren. Geschmacklich mag es eine kleine Umstellung sein, doch mit der richtigen Sauce oder Beilage merkt man hier kaum einen Unterschied. In fast allen Gebäcken lässt sich das Weißmehl vollständig durch Vollkornmehl ersetzen. Bis Sie sich an den neuen Geschmack und ans Aussehen gewöhnt haben, können Sie mit wenig Vollkornmehl anfangen und langsam steigern. Zu Beginn ersetzen Sie nur ein Drittel oder die Hälfte des hellen Mehls durch Vollkorn. Damit das Gebäck nicht trocken wird, sollte in den Rezepten die Flüssigkeitsmenge leicht erhöht werden. Eine andere Lösung ist, sich beim Mehl in der Typenzahl zu steigern. Das Standard-Weizenmehl hat Type 405.

Die Typen-Zahlen auf einer Mehlpackung reichen von 405 bis 1800. Diese Zahl gibt an, wie stark das Mehl ausgemahlen wurde bzw. welche Menge Asche pro 100 g Mehl übrigbleiben, wenn es bei 900 °C verbrannt wird. Die Typenbezeichnung ist also wichtig, denn sie spiegelt den Mineralstoffgehalt des Mehls wider und indirekt auch den Ballaststoffgehalt, da die Mineralstoffe wie die Ballaststoffe direkt in und unter der Schale liegen. Je höher die Typenzahl ist, desto mehr Mineralstoffe wie Magnesium, Zink und Eisen, aber auch Ballaststoffe stecken im Mehl.

Ballaststoffgehalt von Getreide, Mehl und Brot

Lebensmittel	Ballaststoffe g/100 g
Getreide	
Reis, poliert	2,1
Buchweizen, geschält	3,7
Hirse, geschält	3,9
Naturreis (Vollkornreis)	4,0
Mais, Korn	7,7
Gerste	8,7
Hafer	9,3–11,0*
Weizen	9,6
Dinkel, Grünkern	9,9
Roggen	13,4
Getreideerzeugnisse	
großblättrige Haferflocken	9,5–11,0*
kleinblättrige Haferflocken	9,5–11,0*
Haferkleie	11,0*
Weizenmehl, Type 405	3,2
Weizenmehl, Type 550	3,5
Weizenmehl, Type 1050	5,2
Weizenbackschrot, Type 1700	9,2
Weizenvollkornmehl/-schrot	10,0
Roggenmehl, Type 997	6,9
Roggenmehl, Type 1150	7,7

Lebensmittel	Ballaststoffe g/100 g
Roggenbackschrot, Type 1800	12,0
Roggenvollkorn-mehl/-schrot	13,5
Brot und Kleingebäck	
Weizen-(-mehl)brot	3,2
Weizenbrötchen	3,4
Toastbrot	3,8
Weizenmischbrot	4,8
Roggenmischbrot	6,0
Roggen-(-mehl)brot	6,8
Weizenvollkornbrot	6,9
Sonnenblumenbrot	7,6
Weizenvollkornbrötchen	7,7
Mehrkornbrot	8,0
Roggenvollkornbrot	8,9
Weizenknäckebrot	12,9
Roggenknäckebrot	14,1

*Angaben von Herstellern, ansonsten basierend auf dem Bundeslebensmittelschlüssel (BLS)

Dunkles Brot ist nicht immer Vollkorn!

Der Einkauf von Vollkornbrot hat so seine Tücken. Nicht jedes dunkle Brot ist auch eins. Oft enthält das vermeintliche Vollkornbrot Weißmehl und ist durch Zuckerrübensirup, Gerstenmalzextrakt oder sonstige Farbstoffe eingefärbt und enthält trotz seiner dunklen Farbe überhaupt kein oder nur wenig Vollkorn. Beim Kauf von Brot fragen Sie beim Bäcker gezielt nach und bei abgepacktem Brot lesen Sie bitte das Kleingedruckte auf der Packung. Meist auf der Rückseite befindet sich die Zutatenliste. Hier muss an erste Stelle unbedingt Vollkornmehl stehen. Denn die Reihenfolge sagt etwas über die Menge aus. Die Zutat, die an oberster Stelle der Zutatenliste steht, ist auch anteilig am meisten im Lebensmittel enthalten.

Ist Hafer glutenfrei?

Hafer ist von Natur aus glutenfrei, aber durch Verunreinigung des Hafers mit anderen Getreidearten bei Ernte oder Verarbeitung kann er dennoch mit geringen Glutenmengen belastet sein. Vielleicht ist es Ihnen auch schon aufgefallen, dass neben den »normalen« Haferflocken neuerdings auch spezielle glutenfreie Haferflocken zu finden sind. Das kann bei einem eigentlich ohnehin glutenfreien Produkt zu Verwirrung führen, die ich hier aufklären möchte.

Handelsüblicher Hafer und Haferprodukte sind nicht verlässlich glutenfrei, auch wenn Hafer von Natur aus kein Gluten enthält. Denn sowohl im Anbau als auch in der Lieferkette kommt es oft zu Verunreinigungen durch glutenhaltige Getreidesorten, wie zum Beispiel Weizen, Dinkel oder Gerste. Hafer ist daher nicht in jedem Fall für eine glutenfreie Ernährung bei der Diagnose »Zöliakie« geeignet.

Bei Zöliakie und Glutenunverträglichkeit liegen Unverträglichkeiten gegen die Prolamine in Weizen (Gliadin), Roggen (Secalin) und Gerste (Hordein) vor, während das haferspezifische Prolamin Avenin keine Reaktion hervorruft.

Wird der Hafer also sorgfältig ausgewählt, kann er in die glutenfreie Ernährung integriert werden. Damit der Hafer für Zöliakie-Betroffene geeignet ist, müssen vom Anbau bis zur Verarbeitung alle Schritte engmaschig kontrolliert werden. So kann garantiert werden, dass sich keine anderen Getreidesorten im Hafer wiederfinden.

Glutenfreier Hafer ist also eine Frage der Sorgfalt – im Anbau, in der Ernte, in der Verarbeitung und in der Verpackung der fertigen Lebensmittel. Wie kann das klappen? Der Hafer für z. B. glutenfreie Haferflocken wird in besonderen Programmen nach genauen Vorgaben angebaut. Die Gefahr der Kontamination besteht, wenn Hafer auf Feldern ausgesät wird, auf denen zuvor Weizen, Roggen oder Gerste angebaut wurde. Auch wenn auf benachbarten Feldern Weizen, Roggen oder Gerste wachsen, kann es zu einer Vermischung kommen. Die Mähdrescher müssen vor der Feldarbeit sehr gut gereinigt sein oder ausschließlich Hafer dreschen. Lagert Hafer in den gleichen Silos wie glutenhaltiges Getreide oder wird Hafer in denselben Mühlen gemahlen wie anderes Getreide, besteht die Gefahr der Verunreinigung.

Haferanbau frei von Verunreinigungen mit glutenhaltigem Getreide kostet viel Zeit und eine hohe Sorgfalt. Das Lebensmittelgesetz hat 20 ppm Gluten (< 20 mg/kg) als Höchstgehalt vorgeschrieben (Verordnung EG Nr. 41/2009) unter diesem Wert müssen Hafer, Haferflocken und andere Haferprodukte liegen, damit sie als »glutenfrei« bezeichnet werden dürfen.

Sagen Sie »Nein« zu Alkohol

Alkohol ist die perfekte Kalorienfalle. Wer abnehmen möchte, sollte daher auf Alkohol ganz verzichten. Denn Bier, Wein und Cocktails sind wahre Kalorienbomben und werden deshalb auch als flüssige Nahrung bezeichnet, außerdem macht Alkohol hungrig und bremst zugleich den Fettabbau.

Alkohol bremst den Energiestoffwechsel aus, fährt den Fettabbau auf Sparflamme herunter und hemmt den Muskelaufbau. Während Bier, Wein und andere alkoholische Getränke das Training sabotieren, sorgen sie auch für Heißhunger – so ist der schnelle Griff in den Kühlschrank nach einem Stück Käse oder Wurst programmiert. Die Wissenschaft hat dafür auch eine Erklärung: Die Lust auf Salziges entsteht, weil Alkohol dem Körper neben Wasser auch Mineralstoffe entzieht und dieser die Speicher wieder auffüllen möchte. Chips, Salzstangen, Burger und Pommes sind die Verbündeten des Alkohols und nur wenigen fällt es auf. Die Kalorienfalle schnappt zu.

Ferner stimuliert Alkohol das Appetitzentrum im Gehirn. Durch den Alkoholkonsum werden Essensgerüche intensiver wahrgenommen und die Lust auf Essen verstärkt. Im Magen wird daraufhin die Produktion von Magensäure angeregt, was den Hunger zusätzlich ankurbelt. Zudem sorgt die enthemmende Wirkung des Alkohols dafür, dass man mehr isst als man eigentlich will. Zusätzliche Kalorien landen so besonders schnell in den Fettdepots.

Schon kleine Mengen an Alkohol schädigen die Leber. Der Abbau von Alkohol ist Schwerstarbeit für das Organ. Denn Alkohol ist Gift für den Körper und muss möglichst schnell von der Leber abgebaut werden. Solange Alkohol im Körper ist, funktioniert die Fettverbrennung nicht richtig. Die Leber setzt alles dran, den Alkohol zuerst abzubauen und hat dann keine freien Kapazitäten für die Fettverbrennung.

Mit etwa 7 kcal/g Alkohol ist Alkohol per se kalorienreich: Man sagt, in 1 Glas Bier steckt von der Kalorienmenge her 1 Scheibe Brot. Wer Alkohol trinkt, muss also mit zusätzlichen Pfunden rechnen. Hinzu kommt, dass viele Cocktails Sahne, Kokosmilch, Zucker und Sirup enthalten, die eine zusätzliche Portion Kalorien beisteuern.

Wie schnell passiert es uns, dass wir in Geselligkeit und bei guter Partylaune über den Abend 1 Hefeweizen (220 kcal), 1 Caipirinha (320 kcal) und 1 Glas Rotwein (140 kcal) trinken. Diese 3 Getränke haben die Kalorienmenge einer normalen Mahlzeit. Es gibt also sehr viele gute Gründe, »Nein« zu Alkohol zu sagen.

Und wenn Sie auf den Genuss nicht vollständig verzichten möchten, dann sollten Sie es nicht nur Ihrer Figur zuliebe bei sehr kleinen Mengen belassen. Die Abbauprodukte von Alkohol, darunter Acetaldehyd, fördern unter anderem Krebserkrankungen wie Darmkrebs, Speiseröhrenkrebs und Leberkrebs. Auch das Risiko für Bluthochdruck, Herzinfarkt und Schlaganfall steigt mit dem Alkoholkonsum.

Abnehmen mit der Haferkur: so geht's

Die Haferkur ist eine praktische und genussvolle Methode zum Abnehmen, bei der Sie zu keiner Zeit hungern oder darben müssen. Ganz im Gegenteil!

Abnehmen ist nicht leicht. Viele wissen das aus leidvoller Erfahrung. Methoden gibt es viele – darunter zahlreiche Diäten, Trennkost oder Kuren mit Apfelessig und Co. Die meisten funktionieren nicht, einige sind umstritten oder gefährden sogar die Gesundheit. Das alles muss nicht sein. Denn abnehmen und schlank bleiben lässt sich mit Haferflocken und ein paar grundlegenden Einstellungen zu gesundem Essen erreichen.

Was alles zu einer ausgewogenen Ernährung gehört, mit der Sie langfristig abnehmen können, wurde im vorigen Kapitel ausführlich dargestellt. Hier will ich Ihnen nun ganz praktisch einen einfachen Fahrplan vorstellen, mit dem Sie sofort mit dem Abnehmen beginnen können. Im beispielhaften Wochenplan mache ich Ihnen Vorschläge für haferreiche Gerichte zu Frühstück, Mittag- und Abendessen. Die Rezepte dazu finden Sie natürlich alle hinten im Buch. Und wenn Sie für Partner oder Familie mitkochen, wird Sie sicherlich interessieren, wie leicht sich die Rezepte abwandeln lassen, falls Sie Haferflocken-Muffel mit am Tisch haben. Besonders am Herzen liegen mir dann noch die Bereiche: »Viel Trinken!«, »Zuckerfrei, wie soll das gehen?« und last but not least »In Bewegung kommen!«.

Ihr Abnehm-Fahrplan

1. Beginnen Sie mit reinen Hafertagen (Seite 26). Halten Sie 3–4 Tage durch und essen Sie wirklich nur Haferflocken sowie die erlaubte Menge

Gemüse und Obst und bleiben Sie bei Wasser und ungesüßtem Tee.

2. Gehen Sie in sich. Fragen Sie sich ehrlich, was bisher ungünstig war bei Ihrer Ernährung. In meiner Beratung kann ein Großteil der Übergewichtigen diese Frage beantworten. Zwei typische Antworten sind: Abends vor dem Fernseher große Mengen Obst oder noch gefährlicher, Süßes und Nüsse zu essen, oder den ganzen Tag kaum etwas zu essen und dann nach der Arbeit ausgehungert zu Hause angekommen, unkontrolliert den Kühlschrank zu plündern.
3. Achtsamkeit: Fangen Sie nach den reinen Hafertagen an, alles aufzuschreiben, was Sie zu sich nehmen. Vom Glas Wasser bis hin zum klitzekleinen Bonbon. Durch das Aufschreiben isst man in der Regel automatisch weniger.
4. Essen Sie 3 Mahlzeiten und lassen Sie die Zwischenmahlzeiten ausfallen. Dabei ist es egal, ob Sie morgens um 7 Uhr oder erst um 10 Uhr frühstücken. Wichtig ist, dass Sie es tun.
5. Planen Sie die Mahlzeiten. Sie dürfen gern morgens immer das gleiche Frühstücksrezept mit Haferflocken machen. Abwechslung verlangt nur Ihr Geschmack.
6. Passen Sie Ihren Mahlzeitenplan Ihren Gewohnheiten an oder auch umgekehrt, ändern Sie Ihre Gewohnheit, wenn Sie bisher der Typ waren, der nur abends isst.
7. Unser Wochenplan ist nicht verbindlich. Er ist nur eine Anregung. Sie können dreimal am Tag Haferfocken essen und das das ganze Jahr, ohne dass Ihnen kulinarisch langweilig ist. Haferflocken sind vielseitig.
8. Hören Sie auf, wenn Sie satt sind. Es klingt leicht und wird doch oft nicht eingehalten: Ob im Lokal oder zu Hause: Sie müssen den Teller nicht leer essen. Halten Sie während des Essens immer wieder inne und hören Sie in sich hinein, ob Sie überhaupt noch hungrig sind. Signalisiert Ihnen Ihr Bauch, dass sein Bedürfnis nach Nahrung eigentlich befriedigt ist, dann legen Sie Messer und Gabel zur Seite.
9. Machen Sie sich auch nicht zum Abfalleimer für andere: Wenn Ihre Kinder oder Ihr Partner den Teller nicht leer essen, müssen Sie nicht die Reste verzehren. Lassen Sie den anderen lernen, weniger zu nehmen und bei mehr Hunger dann nachzunehmen. Kochen Sie auch einfach weniger, es muss z. B. nicht die ganze Packung Nudeln ins Wasser, angebrochene Packungen halten sich oft genauso lange wie geschlossene.
10. Legen Sie immer wieder, alle 3 Monate oder wenn Sie vom Abnehmweg abkommen, die 3–4 reinen Hafertage ein. Diese kurze, intensive Haferkur ist unkompliziert in der Zubereitung, macht satt und lässt Sie nicht hungern. Und sie hilft Ihrem Körper, wieder erfolgreich in den Abnehmmodus zu kommen.

Beispielhafter Wochenspeiseplan

	Montag	Dienstag	Mittwoch
Frühstück	Beeren-Kurkuma-Porridge (Seite 66)	Orangen-Overnight-Oats (Seite 71)	Haferflocken-Stangen (Seite 112) mit Hafer-Schoko-Aufstrich (Seite 75)
Mittagessen	Haferbratlinge mit Möhren-Kohlrabi-Rohkost (Seite 86)	Mangoldrouladen mit Feta (Seite 89)	Hafer-Risotto mit Pastinake, Salbei und Pancetta (Seite 93)
Abendessen	Körnerklotz (Seite 115) mit pikantem Belag	Körnerklotz (Seite 115) mit pikantem Belag	Körnerklotz (Seite 115) mit pikantem Belag

Donnerstag	Freitag	Samstag	Sonntag
Haferflocken-Stangen (Seite 112) mit Pikantem Hafer-Aufstrich (Seite 75)	Rote-Bete-Apfel-Energiedrink (Seite 72)	Goldene Hafer-Latte (Seite 74)	American Pancakes mit Zimtapfelmus (Seite 66)
Hackfrikadellen mit Käsekern (Seite 104), Bratkartoffeln und grünem Salat	Kabeljaufilet mit Knusperkruste (Seite 102)	Vegane Burger mit Avocadomus (Seite 84)	Grüner Power-Drink (Seite 74)
Grünes Super-Chiabatta (Seite 116) mit Salat	Grünes Super-Chiabatta (Seite 116) mit Salat	Mediterraner Hafersalat (Seite 77)	Lachs-Tomaten-Tarte (Seite 106)

Dreamteam Haferflocken & Gemüse

In einer Familie oder auch in einer Partnerschaft sind die Vorstellungen von leckerem und gesundem Essen nicht selten unterschiedlich. Was ist zu tun, wenn die anderen Haushaltsmitglieder keine Haferflocken essen wollen und Sie auch nicht immer zweierlei kochen wollen? Das Gute ist erstmal, dass wir beim Frühstück und der zweiten Mahlzeit meist autark in puncto Essensauswahl sind. Das leckere Müsli mit Haferflocken lässt sich geschwind machen und der Partner oder der Rest der Familie isst weiterhin Roggenmischbrot mit Belag am Morgen. Auch können Sie Brot backen und in Scheiben geschnitten einfrieren und in Portionen wieder auftauen und genießen. Ein Knackpunkt könnte die warme Mahlzeit sein. Möglicherweise wollen nicht alle jeden Tag eine warme Mahlzeit mit Haferflocken essen. Wenn der Wunsch nach Lieblingsgerichten wie z. B. Spaghetti Bolognese, Pizza Hawaii oder Schweinekotelett mit Kartoffelbrei und Blumenkohl aufkommt, habe ich für Sie folgende Lösungen:

- Bei Spaghetti Bolognese nehmen Sie Ihren Teil an Sauce ab und rühren 3 EL kernige Haferflocken unter und lassen Sie 5 Minuten mitkochen oder quellen. Vielleicht schmeckt Ihnen die sämige Sauce mit Haferflocken viel besser. Bitte nehmen Sie sich dafür weniger Nudeln. Sie sind durch die Haferflocken in der Sauce schnell satt.
- Wenn Sie den Pizzateig selbst machen, dann können Sie die Hälfte des Mehls durch kleinblättrige Haferflocken austauschen. Ich habe es mehrfach ausprobiert. Niemand hat es bemerkt oder gar bemängelt. Allerdings verwende ich immer Weizenmehl, Type 1050, daher sind alle an einen etwas dunkleren Teig gewöhnt.
- Immer, wenn es ein typisches 3-Komponenten-Gericht (Fleisch, Kartoffeln, Gemüse) gibt, ist das Gemüse der ideale Ort für die Haferflocken. Und auch da können Sie nur für sich ein Haferflockentopping herstellen, das Sie übers Gemüse geben. Es schmeckt genial. Semmelbrösel sind von gestern, Haferflocken sind für heute und morgen.

Warum Sie wenig/keinen Zucker essen sollten

Die zuckerfreie Ernährung gehört momentan zu den beliebtesten Ernährungstrends, zu Recht. Die Deutschen essen im Schnitt viel zu viel Zucker: Laut der DGE verzehren Frauen etwa 60 g Zucker (20 Würfelzuckerstücke à 3 g) pro Tag, Männer fast 80 g Zucker. Das ist viel zu hoch und damit steigt das Risiko, übergewichtig zu werden. Dies wiederum kann zu Zivilisationskrankheiten wie Diabetes oder Herz-Kreislauf-Erkrankungen führen. Zudem verursacht Zucker bekanntlich Karies.

© qwartm/stock.adobe.com

Haferflocken-Toppings selbst machen

Besonders raffiniert können Sie Haferflocken in leckeren Toppings zu Gemüse unterbringen. Das Gemüse wird zubereitet und in der Pfanne mit Öl oder Butter gesotten. Für die anderen kommt Paniermehl dazu und Sie genießen eine Portion mit einem Topping aus 3 EL Haferflocken. Diese werden in einer beschichteten Pfanne geröstet. Wenn sie duften, geben Sie die unten genannten Gewürze zu oder einfach Ihre vorhandene Lieblingsgewürzmischung. Die Toppings lassen sich auch auf Vorrat herstellen.

- Haferflocken mit Chiliflocken, getrocknetem Thymian, Paprikapulver, weißem Pfeffer passen super zu Blumenkohl, Brokkoli, grünen Stangenbohnen, Paprikastreifen und Zucchini
- Haferflocken mit Currypulver, Kreuzkümmelpulver, Korianderpulver verfeinern Blumenkohl, Brokkoli, Hokkaido- und Butternut-Kürbis, Rosenkohl, Schwarzwurzeln, Zucchini
- Haferflocken mit Zitronenschale, Korianderpulver, schwarzem Pfeffer sind lecker zu Brokkoli, Hokkaido, grünen Stangenbohnen, Zucchini.

Die Weltgesundheitsorganisation (WHO) empfiehlt daher, maximal 10 % des täglichen Kalorienbedarfs durch Zucker zu decken. Besser seien sogar höchstens 5 %. Bei einer täglichen Kalorienzufuhr von 2000 kcal entspräche dies unter 50 g Zucker bzw. 25 g Zucker. Die Angaben der WHO beziehen sich nicht nur auf freien und zugesetzten Zucker. Auch die von Natur aus sehr süßen Lebensmittel, wie Sirupe und Honig, Fruchtsäfte und Fruchtsaftkonzentrate, gehören dazu.

Dagegen ist gemäß WHO keine Obergrenze für Obst- und Gemüsesorten sowie ungesüßte Milchprodukten nötig, die von Natur aus Zucker enthalten. Da es bisher keine Anzeichen gebe, dass der Zucker in diesen Lebensmitteln gesundheitsschädliche Wirkungen habe. Denn diese Lebensmittel enthalten nicht nur wenig Zucker, sondern auch viele gesunde Mikronährstoffe und Ballaststoffe.

Wie klappt die Umstellung auf zuckerfrei?

Am Anfang ist das zuckerfreie Essen ungewohnt. Vielleicht fragen Sie sich, was genau kann ich überhaupt essen? An den ersten Tagen fehlt Ihnen womöglich erst einmal die Energie und Sie haben mehr Hunger als üblich. Bitte fragen Sie sich, ist das vielleicht eher Heißhunger auf Süßes? Hier können die pikanten Haferflockenrezepte helfen. Wichtig ist auch, viel zu trinken und sich abzulenken, um gut zu starten. Denn zu Beginn einer zuckerfreien Ernährung spürt Ihr Körper die Veränderungen, die mit der Umstellung zusammenhängen. Nach einigen Tagen stabilisiert sich der Blutzuckerspiegel auf einem niedrigeren Niveau, was man daran spürt, dass die Heißhungerattacken verschwinden. Aber es dauert einige Zeit, bis sich die Effekte des Zuckerentzugs nicht mehr so deutlich bemerkbar machen. Das macht das Durchhalten zur Herausforderung, denn Zucker wirkt direkt auf unser Belohnungssystem.

Was genau bedeutet »zuckerfrei«?

Das ist eigentlich einfach zu beantworten. Am Tag dürfen Sie bei einer zuckerfreien Ernährung noch insgesamt 25 g Zucker zu sich nehmen. Dazu zählt der versteckte Zucker in Kuchen und Teilchen und der sichtbare Zucker, den man zum Süßen selbst zugibt, wie Haushaltszucker, aber auch Honig, Agavendicksaft oder Kokosblütenzucker. Es macht beim Abnehmen keinen Unterschied, woher der Zucker stammt. Außerdem sind Erythrit oder Xylit in den gleichen Mengen erlaubt. Auch wenn sie keine Zucker, sondern Zuckeraustauschstoffe sind, rate ich Ihnen, sie wie Zucker zu behandeln. Also, nicht zusätzlich, sondern als Alternative zum Zucker zu verwenden. Ihre Speisen werden sonst schnell zu süß und der Heißhunger wird zu einem scheinbar unlösbarem Ernährungsproblem.

Weg 1 »zuckerfrei« Jeden Tag sind 25 g Zucker erlaubt, d. h., Sie können eine kleine Menge Schokolade oder 1 Kugel Eis essen. Neben 2 Stück Obst sind 25 g Zucker versteckt in Lebensmitteln oder alternativ in meinen Rezepten (25 g Alternativzucker) erlaubt.

Weg 2 »zuckerfrei« Sie essen täglich nur 2 Stück Obst und keinerlei Süßes, keinen Schokoaufstrich, keine Fruchtjoghurts usw.; dafür erlauben Sie sich einmal die Woche einen Cheat-Day. Da können Sie richtig zulangen und z. B. einen großen Eisbecher essen oder auch gleich 2 Stück Torte oder Kuchen.

Wenig vom Richtigen naschen

Wenn es nur so einfach wäre. Am besten wäre es, gar keine Süßigkeiten zu essen. Doch der komplette Verzicht auf Süßigkeiten löst bei vielen Menschen ein emotionales Tief aus. Wenn uns eine Ernährungsumstellung wenig Spaß macht, dann brechen wir auch viel schneller ab. Im Umkehrschluss stellt sich doch die Frage, wann Süßigkeiten schaden. Ein Stückchen Schokolade am Tag ist nicht dramatisch. Die Kunst ist es, den Konsum von Süßem zu regulieren, wenn man ein Süßigkeiten-Junkie ist.

Meiner Meinung gibt es drei gute Ansätze, Süßes im richtigen Maß zu konsumieren. Es sollten keine reinen Zucker- und Kohlenhydratbomben wie Gummibärchen, Kekse und Kuchen aus Weißmehl sein, dafür sind Süßigkeiten mit Haferflocken, Nüssen oder dunkler Schokolade erlaubt.

1. Jeden Tag dürfen Sie aus dem Kapitel Süßes (Seite 118) eine Menge von 20 g verzehren. Das können Powerkugeln, Riegel oder auch Kuchen oder Kekse sein. Der Hafer lässt den Blutzuckerspiegel langsamer ansteigen und Sie können viel leichter aufhören, auch wenn die Rezepte super lecker schmecken.
2. Alternativ sind 20 g Nüsse pro Tag erlaubt, ungesalzen und ungewürzt. Bitte auswiegen, das ist nicht viel. Bitte nicht mehr, Nüsse sind echte Kalorienbomben.
3. Die dritte gute Süßoption heißt: 20 g dunkle Schokolade (mit 80–99 % Kakaoanteil). Sie essen bisher lieber Vollmilchschokolade? Dann programmieren Sie sich bitte auf dunkle Schokolade um. Die hochwertigen dunklen Schokoladen schmecken Ihnen anfänglich vielleicht nicht so gut, da sie nicht süß sind. Doch bereits wenn Sie das Schokoladenstück im Mund zergehen lassen, schüttet das Gehirn Endorphine aus. Versuchen Sie, die Schokolade lange im Mund zu behalten. Dann reicht bereits 1 Stück. So kommen Sie von einem hohen Schokoladenkonsum herunter. Wenn Sie, nachdem Sie ein halbes Jahr nur dunkle Schokolade ge-

gessen haben, wieder Vollmilchschokolade essen, verstehen Sie die Welt nicht mehr. Sie ist Ihnen zu süß, Sie werden sie nicht mehr mögen.

Viel trinken hilft enorm beim Abnehmen

Wasser ist das ideale Getränk, vor allem dann, wenn Sie abnehmen möchten. Es ist ein guter Durstlöscher – ganz ohne Kalorien und Zusatzstoffe. Ob Sie Leitungswasser oder Mineralwasser bevorzugen, ist Geschmackssache. Mineralwasser enthält – wie der Name schon sagt – gelöste Mineralien, dazu gehören vor allem Magnesium, Kalzium und Natrium.

Achten Sie immer darauf, reichlich zu trinken. Das Minimum sollten 1,5 Liter am Tag sein; an heißen Tagen oder wenn Sie Sport getrieben haben, dürfen es gern 2,5 Liter sein. Tatsächlich verliert unser Körper über Schweiß, Atemluft, Harn und Stuhl täglich 2,5 Liter Flüssigkeit. Etwa 1 l Wasser liefert die feste Nahrung – die restlichen 1,5 Liter müssen Sie täglich trinken.

Hier einige Tipps, wie Sie auf eine ausreichende Trinkmenge kommen, Ihren Stoffwechsel anregen und vermeintlichen Hunger überwinden. Wenn Sie regelmäßig Wasser trinken, kommt alles in Fluss und Sie nehmen viel leichter ab.

Wasser geschmacklich aufpeppen

Immer klares Wasser zu trinken, ist Ihnen vielleicht zu langweilig. Leckere

Viel trinken leicht gemacht

- Trinken Sie jeden Morgen ein lauwarmes Glas Wasser, gern gleich nach dem Aufstehen, das Frühstück nehmen Sie dann erst 30 Minuten später ein.
- Einen Basenkick erhalten Sie, wenn Sie noch 1–3 Esslöffel frisch ausgepressten Zitronensaft in das Wasser einrühren.
- Oder Sie geben 1 EL Apfelessig dazu, um den Stoffwechsel in Schwung zu bringen.
- Machen Sie es sich zur Gewohnheit, auch vor jeder Hauptmahlzeit ein Glas Wasser zu trinken. Während des Essens und direkt danach bitte nichts trinken, das würde die Verdauungsarbeit stören.
- Immer wenn das Hungergefühl einen überfällt, ein Glas Wasser trinken und nachspüren, ob der Körper wirklich echten Hunger hat oder es eigentlich Durst war.

Geschmacksnoten kommen mit einigen fein geschnittenen Zitronen-, Grapefruit-, Orangen- oder Gurkenscheiben hinein. Wenn Sie frische Minze im Garten oder auf dem Balkon haben, zwicken Sie ein paar Blätter ab und geben Sie sie zusammen mit den Fruchtscheiben in ein großes Gefäß. Füllen Sie das Gefäß mit Leitungswasser auf. Dann noch ein bisschen ziehen lassen – am besten über Nacht – und genießen. Zum echten Hingucker wird das Infused Water in einer Glaskaraffe. Einige meiner Lieblingsrezepte finden Sie unter Infused Water und Cold-brew-Tea (Seite 54).

Was ist mit Tee und Kaffee?

Zuckerfreie Kräuter- und Früchtetees sind bestens zum Abnehmen geeignet. Auch gegen eine Tasse Kaffee oder schwarzen sowie grünen Tee ist nichts einzuwenden. Einige schwören auf grünen oder schwarzen Tee, in den frisch geriebener Ingwer eingerührt wird. Stoffwechselankurbelnd sind u. a. die im Ingwertee enthaltenen Catechine und Polyphenole (beides Antioxidanzien) sowie das Koffein aus dem Tee. Besonders erfrischend und lecker finde ich kalt aufgesetzten Schwarz- oder Grüntee mit Zitrone, Ingwer oder Früchten. Auch dazu finden Sie Rezepte unter Infused Water und Cold-brew-Tea (Seite 54).

Machen Sie einen Bogen um zuckerhaltige Getränke

Gut zu wissen, Apfelsaft und Cola haben gleich viel Zucker und Kalorien. Dem schließen sich die klassischen Limonaden, andere Fruchtsäfte und -nektare an. Als Faustzahl können Sie sich merken: In 100 ml dieser Getränke sind 10 g Zucker. Das hört sich erstmal gar nicht so viel an; doch mit einem Glas Limonade oder Fruchtsaft (250 ml) haben Sie bereits die tägliche Zuckergrenze von 25 g erreicht. Bei einem ½ Liter sind es bereits 50 g.

Der Durst ist bei den pappsüßen Getränken nicht gelöscht, doch sind 120–200 kcal getrunken, ohne eine Sättigung zu verspüren. Light-Getränke sind auch keine Dauerlösung; sie stehen im Ruf, Hunger auszulösen. Es spricht sicherlich nichts dagegen, wenn Sie bei besonderen Gelegenheiten wie im Urlaub oder beim Ausgehen mit Freunden ein Glas Light-Limo oder Zero-Cola trinken. Doch als Durstlöscher, um auf die Trinkmenge von 1,5 Litern pro Tag zu kommen, sind sie völlig ungeeignet.

Infused Water und Cold-brew-Tea

Liebesbotschaft

1 l Wasser • einige Zitronenscheiben • 5–10 Himbeeren

- Alles zusammen in eine Karaffe geben, einige Stunden ziehen lassen, genießen.
- Bringt viel Harmonie und sorgt für Ausgleich. Zitrone macht glücklich und Himbeere entspannt.

Sommertraum

1 l Wasser • einige Erdbeeren • einige Gurkenscheiben • etwas Petersilie

- Erdbeeren eventuell in Stücke schneiden, alles zusammen in eine Karaffe geben, einige Stunden ziehen lassen und genießen.
- Kühlt uns an heißen Tagen runter. Erdbeeren schenken uns Glück, Gurke und Petersilie wirken reinigend auf unseren Körper.

Sonnenglück

1 l Wasser • einige Stücke Wassermelone • einige Stücke Galiamelone • Basilikum

- Alles zusammen in eine Karaffe geben, einige Stunden ziehen lassen, genießen.
- Gute Laune durch die Farben der Sonne. Melonen wirken vitalisierend und reinigend. Das Basilikum stärkt den Kreislauf.

Cold-brew-black-Tea »Zitrus-Ingwer«

1 l Wasser • 5–6 TL schwarzer Tee • 1 Stück frischer Ingwer, daumengroß, gerieben • 1 Zitrone, Saft • 1 EL Honig • 1 Zitrone, in Scheiben • 1 Orange, in Scheiben • 10 Eiswürfel

- Schwarzen Tee im kalten Wasser 6 Stunden ziehen lassen. Geriebenen Ingwer in Zitronensaft über Nacht einlegen.
- Tee abgießen und Zitronensaft abgießen. Tee mit Zitronensaft und Honig verrühren. Zitronen-, Orangenscheiben und Eis auf Trinkgläser verteilen. Tee einschenken und genießen.

Cold-brew-black-Tea »Melone-Zitrone«

1 l Wasser • 5–6 TL schwarzer Tee • 1 EL brauner Zucker • 2 Zitronen, Saft • 4 Zitronen in Scheiben • ½ Honigmelone in Kugeln • 10 Eiswürfel

- Schwarzen Tee im kalten Wasser 6 Stunden ziehen lassen, abgießen und mit Zucker und Zitronensaft verrühren.
- Die Zitronenscheiben und Melonenkugeln hinzugeben und eine weitere Stunde kalt stellen. Eiswürfel auf Trinkgläser verteilen. Tee mit Früchten aufgießen.

Cold-brew-green-Tea »Pfirsich-Birne«

1 l Wasser • 5–6 TL grüner Tee • 1 EL Honig • 2 Pfirsiche, in Spalten geschnitten • 1 Birne, in Spalten geschnitten • 10–12 Eiswürfel

- Grünen Tee im kalten Wasser einige Stunden ziehen lassen, abgießen und mit Honig süßen.
- Die Pfirsich- und Birnenspalten in den Tee geben und für eine weitere Stunde kalt stellen. Die Eiswürfel auf Trinkgläser verteilen. Tee mit Früchten aufgießen.

Bringen Sie mehr Bewegung in Ihren Alltag

Geht es Ihnen auch so? Sie sitzen jeden Tag stundenlang am Schreibtisch, im Auto oder vor dem Rechner/am Laptop und verbringen vielleicht auch Ihre Freizeit gern auf dem Sofa vor dem Fernseher oder mit dem Smartphone in der Hand. Wer so viel rastet, der läuft Gefahr zu rosten. Viel Bewegung im Alltag, kombiniert mit Freizeitsport halten Sie nicht nur fit, sie lassen auch Ihr Zuviel an Fett einschmelzen.

Welche Sportart für Sie die richtige ist, hängt von Ihren Vorlieben und Ihrer individuellen Leistungsfähigkeit ab. Schwimmen, Fahrradfahren, Joggen oder Nordic Walking wären z. B. sehr gut geeignet, um Ausdauer und Fitness zu trainieren. Fangen Sie langsam an; nicht gelegentlicher Übereifer, sondern regelmäßige Bewegung, möglichst zwei- bis dreimal in der Woche, lässt Ihr Köperfett weniger werden. Beim Ausdauersport sollten Sie nicht aus der Puste kommen. Beim Radeln, Laufen und Walken sollte es möglich sein, dass Sie ein Gespräch führen können, dann sind Sie in der richtigen Herzfrequenz. Erkennen Sie Ihre Grenzen, denn überzogener sportlicher Ehrgeiz kann oft mehr schaden als nutzen. Und noch ein ganz wichtiger Ratschlag für Sie: Gemeinsam macht Sport doppelt Spaß. Suchen Sie Gleichgesinnte im Freundes- oder Bekanntenkreis, oft fehlt nur ein kleiner Anstoß.

Selbst wenn Sie weder den Besuch des Fitnessstudios noch die Mitgliedschaft im Sportverein mögen, können Sie gezielt mehr Bewegung in Ihren Alltag integrieren. Es gibt zahlreiche Dinge, die Sie tun könnten, um sich täglich fit zu halten. Zur Inspiration finden Sie hier 10 Vorschläge.

1. Kurze Strecken immer zu Fuß oder mit dem Rad

Lassen Sie das Auto stehen und gehen Sie kurze Strecken zu Fuß oder nutzen Sie Ihr Rad. Die Strecke, um Brötchen fürs Sonntagsfrühstück zu holen, können Sie sicher in weniger als 20 Minuten zurücklegen. Beim Gehen und Radfahren aktivieren Sie 70 % Ihrer Körpermuskulatur, dies sind daher perfekte Workouts für jedes Alter und es sind sehr gute Bauchfettkiller.

2. In öffentlichen Verkehrsmitteln stehen statt sitzen

Der Weg zur Bus- oder U-Bahn-Station sorgt für mehr Schritte als der Gang zum Auto. Sie können das noch toppen, indem Sie Ihren Sitz im öffentlichen Nahverkehr lieber anderen überlassen. Denn Stehen verbrennt Kalorien und stärkt Ihre Muskulatur.

3. Steigen Sie grundsätzlich eine Station früher aus

Richten Sie es zeitlich so ein, dass Sie eine Bus- oder U-Bahn-Station früher aussteigen. Dadurch können Sie direkt ein paar

Meter gehen und frische Luft schnappen. Legen Sie sich am besten eine Smartwatch oder eine App auf Ihrem Handy zu. So können Sie überprüfen, ob Sie auf die empfohlenen 6000–10.000 Schritte am Tag kommen.

4. Immer Treppen steigen statt Fahrstuhl fahren

Entscheiden Sie sich immer für die Treppe, ignorieren Sie Aufzug und Rolltreppe. Dabei trainieren Sie Ihre Oberschenkel- und Pomuskulatur und steigern Ihre Kondition.

5. Putzen und Gartenarbeit als Fitnesseinheit

Wenn Sie Putzen und Gartenarbeit als kostenfreies Abnehmprogramm betrachten, schlagen Sie gleich zwei Fliegen mit einer Klappe. Sie verbrennen Kalorien und außerdem ist nach getaner Arbeit Ihre Wohnung bzw. Haus sauber und Ihr Garten gepflegt.

Kalorienverbrauch im Alltag So viele Kalorien verbraucht eine Person mit einem Körpergewicht von 70 kg bei folgenden 30-minütigen Alltagsaktivitäten:

- Einkaufen: 100 kcal
- Gartenarbeit, Rasen mähen: 120 kcal
- Staubsaugen: 110 kcal
- Schnee schaufeln: 240 kcal
- Möbel umstellen: 180 kcal
- Fenster putzen: 100 kcal
- Aufräumen: 90 kcal

6. Vor dem Fernseher ab auf die Matte

Gehören Sie zu den Serien- und Filmjunkies? Dann erweitern Sie dieses Hobby mit einer Sporteinheit vor dem Fernseher oder Tablet. Im Internet finden Sie Unmengen kostenfreie Kardio-, Yoga- oder Muskelaktivierungsprogramme. Das Richtige für Sie ist längst hochgeladen, Sie müssen nur noch suchen und starten.

7. Starten Sie frühzeitig in den Tag

Glauben Sie dran, Morgensport wirkt wahre Wunder. Stehen Sie eine halbe Stunde früher auf und legen Sie Ihr Sport-Outfit direkt bereit. Egal, ob Sie 20 Minuten joggen oder zügig spazieren gehen, Yoga oder Pilates machen: Wenn Sie bereits aktiv in den Tag starten, fühlen Sie sich einfach großartig.

8. Machen Sie Ihre eigene Tanzparty

Let's dance! Drehen Sie Ihre Lieblingsmusik laut auf und tanzen Sie in Ihrem Zuhause. Tanzen macht gute Laune, es werden Glückshormone freigesetzt. Und noch so ganz nebenbei wird Ihr Bauch schlanker.

9. Mit Misserfolgen umgehen!

Sie haben sich so viel vorgenommen und Sie sind von sich enttäuscht, dass Sie das nicht schaffen. Nicht aufgeben, Kopf hoch. Ihr Plan passt nicht richtig zu

Ihnen! Reduzieren Sie das Bewegungsprogramm oder suchen Sie nach anderen Möglichkeiten: anderer Zeitpunkt, weil Sie nun mal kein Morgenmensch sind. Andere Sportart, weil Sie schon immer Laufen langweilig fanden. Aber bleiben Sie bitte dran und finden eine Bewegungsart, die wirklich gut zu Ihnen passt und Ihnen Spaß macht.

10. Loben Sie sich selbst!

Eigenlob stinkt nicht! Wenn Sie sich nicht selbst loben und motivieren können, wer soll es denn dann tun? Die gute Fee oder der Prinz an Ihrer Seite? Mal ehrlich: Märchenfiguren sind von Erwachsenen zu durchschauen. Sie kommen nicht. Da warten Sie vergebens. Die Märchenfigur steckt in Ihnen. Sie müssen die gute Fee für sich selbst und nicht für andere sein. Sie müssen nicht der Prinz für Ihre Frau oder andere sein. Der Prinz sorgt für sich. Sie warten vergeblich auf den Schimmel oder Rappen mit oder ohne Prinz. Selbst ist die Frau bzw. der Mann!

Los geht's!

Wenn Sie bis hierher gelesen haben, ist der erste Schritt gegen Ihr Übergewicht und Bauchfett getan. Schieben Sie jetzt nichts auf die lange Bank. Vielleicht haben Sie schon die Zutaten von einem Rezept zufällig zu Hause, dann kochen Sie es noch heute. Nutzen Sie den Wochenspeiseplan (Seite 46). Unsere entwickelten Rezepte enthalten nicht nur den Superfatburner Haferflocken, sondern sind eiweißbetont und enthalten allgemein komplexe Kohlenhydrate, die gut und lange sättigen.

Fangen Sie noch heute an! Legen Sie ein Ziel fest: Wie viel Fett muss weg? Bleiben Sie realistisch, sonst ist Enttäuschung programmiert. Wie viel soll es langfristig sein und welche Etappenziele setzen Sie sich auf dem Weg dorthin? Haferflocken sollten fortan ein fester Bestandteil Ihrer Ernährung sein.

Ihre Hafer-Rezepte: vielseitig und lecker

Haferflocken sind ab heute Ihre Verbündeten beim Abnehmen. Sie werden staunen, wie smart, genussvoll und abwechslungsreich es sich mit ihnen kochen lässt.

FRÜHSTÜCKE UND BASICS

Schoko-Overnight-Oats

Seelentröster

Für 2 Portionen

15 Min. + Ziehzeit über Nacht

200 ml Haferdrink • 2 EL Kakaopulver, ungesüsst • 1 Msp. Zimt • 1 Msp. Kardamom • 100 g großblättrige Haferflocken • ½ Granatapfel • 1 Orange • 100 g Skyr • 1 EL Honig

- Haferdrink mit Kakaopulver und Gewürzen unter Rühren aufkochen. Abkühlen lassen, Haferflocken einrühren und über Nacht abgedeckt in den Kühlschrank stellen.

- Am nächsten Morgen den Granatapfel brechen und die Kerne aus dem Apfel lösen. Orange schälen und in Filets teilen.

- Obst und Skyr unter die Haferflockenmasse rühren, bei Bedarf mit Honig süßen. Auf 2 Schüsselchen verteilen und genießen.

Nährwerte pro Portion:

361 kcal • 16 g E • 7 g F • 56 g KH • 12,2 g Ba (2,6 g Beta-Glucan)

Haferdrink (= Hafermilch)

zuckerfrei
Für 1 l Haferdrink
15 Min.

1 l Wasser • 100 g kleinblättrige Haferflocken • 1 Msp. Salz

- Wasser in einem Topf erhitzen. Sobald das Wasser kocht, Haferflocken einrühren. Auf niedriger Flamme 5–10 Minuten köcheln lassen. Salz hinzufügen.

- Haferdrink pürieren, anschließend durch ein engmaschiges Sieb (am besten mit einen Passiertuch bzw. Abseihtuch) abseihen und den Haferflockenbrei dabei mit einem Kochlöffel ausdrücken.

- Haferdrink in eine saubere Flasche füllen; im Kühlschrank lässt er sich 2–3 Tage aufbewahren

Nährwerte pro 100 ml:
ca. 50 kcal • 0,5 g E • 1,5 g F • 8 g KH • 1 g Ba (0,1 g Beta-Glucan)

Tipp Werfen Sie die Haferflockenreste aus dem Passiertuch nicht weg, sondern verwenden Sie sie lieber für ein Brot- oder Bratlingrezept oder geben Sie sie ins morgendliche Müsli.

Hafercreme (= Hafersahne)

darmschmeichelnd
Für 400 ml Hafercreme
15 Min.

500 ml Wasser • 100 g kleinblättrige Haferflocken • 1 Msp. Salz • 40 ml Rapsöl

- Kochendes Wasser über die Haferflocken geben und 5–10 Minuten quellen lassen. Salz und Rapsöl hinzufügen und alles pürieren.

- Anschließend durch ein engmaschiges Sieb (am besten mit einen Passiertuch bzw. Abseihtuch) abseihen und den Haferflockenbrei dabei mit einem Kochlöffel ausdrücken.

- Fertige Hafercreme in Schraubgläser füllen. Vor dem Gebrauch schütteln, da sich das Öl separiert. Die Creme lässt sich 2–3 Tage im Kühlschrank aufbewahren

Nährwerte pro 100 ml:
ca. 90 kcal • 0,5 g E • 8 g F • 6 g KH • 1 g Ba (0,1 g Beta-Glucan)

Overnight-Oats

verdauungsfördernd
Für 2 Portionen
5 Min.

100 g großblättrige Haferflocken • 200 ml Milch, Haferdrink oder Wasser • optional 1 Prise Salz • optional ½ TL Kurkuma oder Zimt • optional 1 Msp. Muskat

- Haferflocken mit Flüssigkeit mischen, optionale Gewürze zugeben. Über Nacht in den Kühlschrank stellen und quellen lassen.

- Am nächsten Morgen die Overnight-Oats mit Quark, Joghurt, Nüssen und/oder Obst genießen.

Nährwerte pro Portion:
237 kcal • 10 g E • 7 g F • 33 g KH • 5,5 g Ba (2,3 g Beta-Glucan)

Verwendete Abkürzungen bei den Nährwertangaben

- E = Eiweiß
- F = Fett
- KH = Kohlenhydrate
- Ba = Ballaststoffe

Porridge

vegan
Für 2 Portionen
10 Min.

350 ml Haferdrink oder Wasser • 100 g kleinblättrige Haferflocken • 1 Prise Salz • optional ½ TL Kurkuma, ½ TL Zimt oder 1 Msp. Muskat

- Die Flüssigkeit in einem Topf erhitzen. Kurz bevor die Flüssigkeit kocht, die Haferflocken unter Rühren einstreuen.

- Optional mit Salz und/oder Gewürzen würzen. Unter Rühren köcheln lassen, bis der Porridge sämig ist.

Nährwerte pro Portion:
285 kcal • 13 g E • 10 g F • 36 g KH • 5,5 g Ba (2,3 g Beta-Glucan)

Tipp Wenn Sie den Porridge mit Wasser kochen, rühren Sie nach dem Kochen 2–4 EL Hafercreme unter. Lecker!

Beeren-Kurkuma-Porridge

entzündungshemmend
Für 1 Portion
⏲ 15 Min.

6 EL kleinblättrige Haferflocken • ½ TL Kurkuma • 1 Prise Salz • 200 ml Wasser • 80 g Himbeeren • 40 g Brombeeren • 50 ml Hafercreme • 1 EL Honig • etwas Zimt

- Haferflocken, Kurkuma und 1 Prise Salz mit Wasser zum Kochen bringen. Nach ca. 1 Minute Kochzeit den Topf vom Herd nehmen und den Brei zugedeckt 5 Minuten quellen lassen.

- Himbeeren und Brombeeren waschen, abtropfen lassen und trocken tupfen. Porridge in einen tiefen Teller füllen und mit Hafercreme umgießen. Honig und Zimt darübergeben. Beeren darauf verteilen.

Nährwerte pro Portion:
333 kcal • 11 g E • 9 g F • 52 g KH • 12,1 g Ba (2, 7 g Beta-Glucan)

American Pancakes mit Zimtapfelmus

Energieschub
Für 2 Portionen (à 3 Pancakes)
⏲ 20 Min.

2 säuerliche Äpfel • 4 EL Wasser • etwas Zimt • 70 g Dinkelmehl (Type 630) • 30 g kleinblättrige Haferflocken • 10 g großblättrige Haferflocken • ½ TL Backpulver • 1 Prise Salz • 125 ml Haferdrink • 1 Ei • 1 TL Rapsöl • 1 EL Kokosöl

- Äpfel schälen, vierteln, Kerngehäuse entfernen. Grob in Stücke schneiden und mit Wasser dünsten. Mit Mixstab pürieren und mit Zimt abschmecken.

- Inzwischen die Pfanne auf mittlere Temperatur aufheizen. Trockene Zutaten zusammenmischen. Haferdrink, Ei und Öl hinzufügen und alles so verrühren, dass ein breiiger Teig entsteht.

- Pfanne leicht einfetten und mit einem großen Löffel Teig als Haufen in die Pfanne geben und backen. Wenn Blasen entstehen und der Rand fest wird, die Pancakes umdrehen. Wenn alle Pancakes gebacken sind, mit Apfelmus servieren.

Nährwerte pro Portion:
390 kcal • 11 g E • 11 g F • 6,2 g KH • 7,5 g Ba (1,0 g Beta-Glucan)

» American Pancakes mit Zimtapfelmus

Winterporridge

entzündungshemmend
Für 1 Portion
15 Min.

6 EL kleinblättrige Haferflocken • 200 ml Haferdrink • 1 Orange • ½ Grapefruit • 2 EL Mandelstifte • etwas Lebkuchengewürz

- Haferflocken mit Haferdrink zum Kochen bringen. Nach ca. 1 Minute Kochzeit den Topf vom Herd nehmen und den Brei zugedeckt 5 Minuten quellen lassen. Zitrusfrüchte schälen und in Filets teilen.

- Porridge in einen tiefen Teller füllen, Zitrusfruchtfilets und Mandelstifte dazugeben und mit etwas Lebkuchengewürz bestreuen.

Nährwerte pro Portion:
482 kcal • 15 g E • 15 g F • 67 g KH • 14,8 g Ba (3,0 g Beta-Glucan)

« Mango-Quarkspeise im Glas

Mango-Quarkspeise im Glas

eiweißreich
Für 2 Portionen
20 Min.

30 g Butter • 20 g Erythrit • 2 EL Wasser • 50 g großblättrige Haferflocken • 10 g Kokosraspel • 250 g Magerquark • 50 ml Hafercreme • 1 TL Honig • 1 Mango (250 g Mangofruchtfleisch)

- Für das Granola Butter, Erythrit und Wasser in einer Pfanne erhitzen. Haferflocken und Kokosraspel unterrühren. Etwas rösten und abkühlen lassen.

- Quark mit Hafercreme und Honig zu einer glatten Creme verrühren. Mango waschen, schälen, Fruchtfleisch vom Stein schneiden und 250 g Mangofleisch fein würfeln.

- In 2 Weckgläser (½ l) zuerst eine Schicht Quarkcreme geben, dann von dem Granola, darauf die Mangowürfel, mit Quarkcreme und Granola abschließen. Die Quarkspeise hält sich bis zu 3 Tage im Kühlschrank.

Nährwerte pro Portion:
430 kcal • 22 g E • 20 g F • 38 g KH • 5,8 g Ba (1,2 g Beta-Glucan)

Baked Oats Apfel

verdauungsfördernd

Für 2 Portionen

10 Min. + 10. Min. Backzeit

1 Banane • 100 g großblättrige Haferflocken • 150 ml Haferdrink • 1 EL Honig • 1 TL Backpulver • 1 Prise Salz • 1 TL Zimt • 2 Äpfel • 30 g gehackte Haselnüsse • 150 g Naturjoghurt (3,5 % Fett)

- Backofen auf 180 °C vorheizen. Banane mit einer Gabel zerdrücken. Haferflocken, Haferdrink, Banane, Honig, Backpulver, Salz und Zimt in einer Schüssel vermischen.

- Äpfel schälen, Kerngehäuse entfernen und fein würfeln. Haferflockenmasse in eine flache Backform geben, Apfelwürfel, Haselnüsse und Zimt gleichmäßig auf den Haferflocken verteilen und alles ca. 15 Minuten backen.

- Anschließend Baked Oats aus dem Ofen nehmen, kurz abkühlen lassen und zusammen mit dem Joghurt genießen.

Nährwerte pro Portion:

521 kcal • 14 g E • 17 g F • 76 g KH • 12 g Ba (2,5 g Beta-Glucan)

Müsli Bircher-Art

darmschmeichelnd

Für 1 Portion

10 Min.

5 EL großblättrige Haferflocken • 3 TL geschroteter Leinsamen • 1 TL Sonnenblumenkerne • 1 EL gehackte Walnüsse • ½ TL Kurkuma • 1 TL Leinöl • 150 g Naturjoghurt (3,5 % Fett) • 1 kleiner Apfel

- Haferflocken, Leinsamen, Sonnenblumenkerne und Walnüsse in einem Schälchen vermischen. Kurkuma und Leinöl mit Joghurt verrühren.

- Apfel waschen, viertelt, das Kerngehäuse entfernen und die Viertel raspeln. Alle Zutaten miteinander vermengen und genießen.

Nährwerte pro Portion:

566 kcal • 20 g E • 28 g F • 57 g KH • 12,2 g Ba (2,3 g Beta-Glucan)

Orangen-Overnight-Oats

vitalstoffreich
Für 2 Portionen
10 Min. + Ziehzeit über Nacht

100 g großblättrige Haferflocken • 150–200 ml frisch gepressten Orangensaft • 1 Banane • 1 EL Kakaonibs • 2 EL Kokosraspel • 150 g Joghurt (3,5 % Fett)

- Haferflocken mit dem Orangensaft vermischen und abgedeckt im Kühlschrank über Nacht stehen lassen.

- Am nächsten Morgen die Banane in Scheiben schneiden. Zusammen mit Kakaonibs, Kokosraspeln und Joghurt unter die Haferflocken mischen. Das Ganze auf 2 Schüsselchen verteilen und genießen.

Nährwerte pro Portion:
376 kcal • 12 g E • 12 g F • 52 g KH • 7,8 g Ba (2,3 g Beta-Glucan)

Orientalische Overnigtht-Oats

Seelentröster
Für 2 Portionen
10 Min. + Ziehzeit über Nacht

1 Beutel ayurvedischer Gewürztee • 100 ml Wasser • 100 ml Milch (3,5 % Fett) • 100 g großblättrige Haferflocken • 200 g blaue und grüne Weintrauben • 1 kleiner Apfel • 150 g Joghurt (3,5 % Fett) • 1 EL Honig

- Gewürztee mit Wasser überbrühen und kalt werden lassen. Milch und Haferflocken zugeben und über Nacht abgedeckt in den Kühlschrank stellen.

- Am nächsten Morgen die Trauben waschen, halbieren und eventuelle Kerne entfernen. Apfel waschen, Kerngehäuse entfernen und fein würfeln. Obst zusammen mit dem Joghurt unter die Haferflocken mischen. Bei Bedarf mit Honig süßen. Auf 2 Schüsselchen verteilen und genießen.

Nährwerte pro Portion:
380 kcal • 13 g E • 8 g F • 62 g KH • 8,4 g Ba (2,3 g Beta-Glucan)

Mandarinen-Bananen-Smoothie

vitalstoffreich

Für 2 Portionen

5 Min.

2 Mandarinen • ½ Banane • 4 EL Wasser • ½ TL Matetee • 1 TL Haferschmelzflocken • 120 g Kokosjoghurt • 200 ml Haferdrink

- Mandarinen schälen und vierteln, Kerne entfernen. Banane schälen und in Stücke schneiden. Das Obst mit Wasser im Mixer oder mit dem Pürierstab mixen.

- Matetee, Haferschmelzflocken, Kokosjoghurt und Haferdrink hinzugeben und nochmals aufmixen. Auf 2 Gläser verteilen und sofort genießen.

Nährwerte pro Glas:

135 kcal • 3 g E • 3 g F • 23 g KH • 3,4 g Ba (0,3 g Beta-Glucan)

Rote-Bete-Apfel-Energiedrink

vitalstoffreich

Für 2 Portionen

10 Min.

4 vakuumierte Rote Bete • 1 säuerlicher Apfel • 2 Limetten • 1 TL Ingwer, gerieben • 1 EL Honig • 2 Blutorangen, Saft • 2 EL kleinblättrige Haferflocken • 300 ml Haferdrink

- Rote Bete grob würfeln. Apfel schälen, entkernen und grob würfeln. Limetten heiß waschen, trockentupfen, Schale abreiben und Saft auspressen.

- Rote Bete, Apfel, Limettenabrieb und -saft mit Ingwer, Honig, Blutorangensaft, Haferflocken und Haferdrink in einen Standmixer geben und auf höchster Stufe fein pürieren. Auf 2 Gläser verteilen.

Nährwerte pro Portion:

285 kcal • 5 g E • 4 g F • 55 g KH • 8,8 g Ba (0,4 g Beta-Glucan)

Rote-Bete-Apfel-Energiedrink »

Grüner Power-Drink

Energieschub
Für 2 Portionen
10 Min.

½ Kaki • 1 Apfel • 80 g Babyspinat • 2 EL kleinblättrige Haferflocken • 1 TL Honig • 250 ml Haferdrink

- Kaki waschen und grob würfeln. Apfel entkernen und grob würfeln. Spinat waschen und verlesen.
- Alle Zutaten in einen Standmixer geben und auf höchster Stufe fein pürieren. Auf 2 Gläser verteilen.

Nährwerte pro Portion:
185 kcal • 4 g E • 3 g F • 35 g KH • 7,6 g Ba (0,52 g Beta-Glucan)

Goldene Hafer-Latte

Immunbooster
Für 2 Portionen
10 Min.

1 cm frischer Ingwer • 3 Kardamomkapseln • 500 ml Haferdrink • 2 TL Kurkuma • 1 Msp. Zimt • 1 Msp. Muskat • 1 EL Honig

- Ingwer schälen und hacken. Kardamomkapseln öffnen, Samen rauslösen und mörsern. Haferdrink in einen Topf gießen, Ingwer, Kurkuma, Zimt, Muskat, Kardamom und Honig hinzugeben.
- Haferdrink erhitzen und ca. 10 Minuten bei ausgeschalteter Herdplatte ziehen lassen. Durch ein feines Sieb abgießen, mit dem Pürierstab oder Milchschäumer aufschlagen und in 2 Gläser füllen.

Nährwerte pro Portion:
140 kcal • 1 g E • 4 g F • 24 g KH • 4,0 g Ba (0,2 g Beta-Glucan)

Pikanter Hafer-Aufstrich

eiweißreich
Für 2 Portionen
30 Min. + Kühlzeit

50 g Haferschrot • 300 ml Wasser • 1 TL gekörnte Gemüsebrühe (frei von gehärteten Fetten) • 1 Knoblauchzehe • 200 g Magerquark • 3 EL Leinöl • 1–2 EL Schnittlauchröllchen • 1–2 EL frisch gehackte Petersilie • Salz • Pfeffer

● Haferschrot mit Wasser und Brühe in einem Topf aufkochen und bei kleiner Hitze ca. 20 Minuten köcheln lassen. Gegebenenfalls noch etwas Wasser zugießen. Abkühlen lassen.

● Knoblauch schälen und fein hacken. Quark mit Öl glattrühren. Knoblauch, Schnittlauch und Petersilie unterrühren. Den abgekühlten Haferschrot dazugeben, alles gut verrühren und mit Salz und Pfeffer abschmecken. Im Kühlschrank aufbewahrt, ist der Aufstrich mehrere Tage haltbar.

Nährwerte pro Portion:
300 kcal • 17 g E • 17 g F • 18 g KH • 2,7 g Ba (1,3 g Beta-Glucan)

Tipp Der Aufstrich lässt sich nicht nur aufs Brot schmieren, sondern auch wunderbar mit Gemüsesticks essen.

Hafer-Schoko-Aufstrich

vegan
Für 1 Glas (ca. 200 ml)
10 Min. + Kühlzeit

4 EL kleinblättrige Haferflocken • 1 EL Backkakao • 1 Msp. Vanille-Extrakt • ½ TL Zimt • 1 Msp. Kardamom • 150 ml Haferdrink • 4 entsteinte Datteln

● Haferflocken im Mixer fein mahlen und mit Kakao und Gewürzen vermischen. Nach und nach so viel Haferdrink untermixen, bis eine streichfähige Konsistenz entsteht. Zum Schluss die Datteln zugeben und alles zu einem glatten Mus pürieren.

● Den Aufstrich in ein Schraubglas füllen und bis zum Verzehr im Kühlschrank aufbewahren. Haltbarkeit ca. 1 Woche.

Nährwerte pro Glas:
515 kcal • 10 g E • 7 g F • 100 g KH • 18,0 g Ba (2,0 g Beta-Glucan)

ZUM MITTAG- ODER ABENDESSEN

Mediterraner Hafersalat

Energieschub
Für 2 Portionen
ca. 15 Min.

60 g großblättrige Haferflocken • 1 gelbe Paprika • ½ kleine Salatgurke • 150 g Cocktailtomaten • 1 Knoblauchzehe • 100 g Feta • 1 EL Honig • 1 EL Senf • ½ Zitrone, Saft • Salz • Pfeffer • 4 EL Olivenöl • 4 EL frisch gehackte glatte Petersilie

- Großblättrige Haferflocken ohne Zugabe von Fett in einer beschichteten Pfanne anrösten, bis sie duften.

- Paprika und Salatgurke klein würfeln. Tomaten waschen und vierteln. Knoblauchzehe abziehen und fein hacken. Feta klein würfeln. Salatzutaten mit den gerösteten Haferflocken in eine Salatschüssel geben und gut vermischen.

- Honig mit Senf und Zitronensaft verrühren. Olivenöl unterschlagen und mit Salz und Pfeffer abschmecken. Gehackte Petersilie einrühren. Dressing über den Salat geben und untermengen. Sofort servieren.

Nährwerte pro Portion:
460 kcal • 13 g E • 35 g F • 27 g KH • 6,2 g Ba (1,2 g Beta-Glucan)

Blattsalat mit Melone

zellregenerierend
Für 2 Portionen
30 Min.

2 Köpfe Romanasalatherzen • 50 g Rucola • ½ Bund frisch gehackte Minze • 40 g großblättrige Haferflocken • 20 g Sonnenblumenkerne • 1 Stück reife Wassermelone (ca. 450 g) • 3 EL frisch gepresster Limettensaft • schwarzer Pfeffer • Salz • 1 TL Honig • 2 EL Olivenöl • 100 g Feta

- Blattsalate in mundgerechte Stücke schneiden, mit Minze mischen und auf 2 Teller verteilen. Haferflocken und Sonnenblumenkerne in einer Pfanne ohne Fett rösten und abkühlen lassen.

- Wassermelonenfruchtfleisch würfeln, entkernen, mit 1 EL Limettensaft beträufeln und pfeffern.

- Restlichen Limettensaft mit Öl und Honig verrühren, mit Salz und Pfeffer würzen. Salat mit dem Dressing beträufeln, Melonenstücke auf dem Salat verteilen. Fetakäse darüberbröckeln und pfeffern. Haferflocken und Sonnenblumenkerne darübergeben und mit Minzeblättern garnieren.

Nährwerte pro Portion:
470 kcal • 17 g E • 27 g F • 40 g KH • 4,6 g Ba (1,0 g Beta-Glucan)

Gurkenkaltschale

zellregenerierend
Für 2 Portionen
20 Min. + 1 Std. Kühlzeit

½ Bund Dill • ½ Kästchen Kresse • ½ Zwiebel • 1 Salatgurke (400 g) • 2 EL Haferkleie • 300 ml Buttermilch • 50 ml Hafercreme • 1 TL gekörnte Gemüsebrühe • Salz • weißer Pfeffer

- Dill abbrausen, trocken tupfen und Blättchen von den Stielen zupfen. Kresse vom Ballen schneiden, abbrausen. Zwiebel abziehen, grob zerteilen. Alles in einen Standmixer geben und pürieren.

- Gurke waschen und in grobe Stücke schneiden. Zusammen mit der Haferkleie zu den Kräutern in den Mixer geben und pürieren. Dann Buttermilch, Hafercreme und Gemüsebrühe dazugeben und erneut zu einer homogenen Flüssigkeit pürieren. Mit Salz und Pfeffer abschmecken. Im Kühlschrak kalt stellen und servieren.

Nährwerte pro Portion:
150 kcal • 9 g E • 4 g F • 18 g KH • 3,8 g Ba (0,3 g Beta-Glucan)

Schnelle Hafer-Gemüse-Suppe

vegan
Für 2 Portionen
30 Min.

1 EL Rapsöl • 40 g Haferschrot • 150 g TK-Suppengemüse oder anderes Gemüse • 500 ml Gemüsebrühe • 50 ml Hafercreme • Salz • weißer Pfeffer • 1 Msp. Muskat • 2 EL Schnittlauchröllchen

- Rapsöl in einem Topf erhitzen, Haferschrot darin anrösten, Gemüse hinzufügen und mit Brühe aufgießen. Das Ganze etwa 20 Minuten köcheln lassen.

- Hafercreme dazugeben und mit dem Mixstab pürieren. Suppe mit Salz, Pfeffer und Muskat abschmecken. Auf Tellern verteilen und mit Schnittlauchröllchen garnieren.

Nährwerte pro Portion:
210 kcal • 5 g E • 13 g F • 18 g KH • 4,1 g Ba (0,3 g Beta-Glucan)

Tipp Statt Schnittlauchröllchen lässt sich die Suppe mit einem Topping aus geröstetem Schwarzkümmel, Sonnenblumenkernen und Bockshornklee bestreuen.

Kürbiscremesuppe

vitalstoffreich
Für 2 Portionen
30 Min.

1 Zwiebel • 1 Knoblauchzehe • 400 g Kürbisfleisch • 1 EL Rapsöl • 500 ml Gemüsebrühe • 50 g kleinblättrige Haferflocken • 100 ml Hafercreme • 1 EL Leinöl • 6 Stängel Basilikum • Salz • Pfeffer

- Zwiebel und Knoblauch abziehen und fein hacken. Kürbisfleisch in Stücke scheiden. Rapsöl in einem Topf erhitzen. Zwiebel und Knoblauch anbraten, Kürbisstücke hinzugeben und mitdünsten. Brühe angießen, aufkochen lassen, Haferflocken einstreuen und etwa 20 Minuten köcheln lassen.

- Hafercreme und Leinöl dazugeben, alles zu einer homogenen Suppe pürieren. Basilikum waschen, trocken tupfen, die Blätter von den Stielen zupfen und fein hacken. Suppe mit Salz und Pfeffer abschmecken und die Basilikumblätter unterrühren.

Nährwerte pro Portion:
330 kcal • 8 g E • 20 g F • 30 g KH • 9,7 g Ba (1,3 g Beta-Glucan)

Tipp Statt Kürbis können Sie auch die gleiche Menge Zucchini nehmen.

Gebackene Auberginen- und Zucchinitaler mit Gremolata

Energieschub
Für 2 Portionen
25 Min.

- 200 g Aubergine
- 200 g Zucchini
- 2 Eier
- 2 EL Hafercreme
- Salz
- schwarzer Pfeffer
- 100 g kleinblättrige Haferflocken
- 2 EL Kichererbsenmehl
- 6 EL Olivenöl
- 1 TL Kräuter der Provence
- ½ Zitrone
- 1 Knoblauchzehe
- 10 g frisch gehackte glatte Petersilie
- 100 g Ziegenfrischkäse

- Aubergine und Zucchini waschen, Stielansatz entfernen und in 1 cm breite Scheiben schneiden. Scheiben von beiden Seiten leicht salzen und nebeneinander auf Küchenpapier setzen, 10 Minuten ziehen lassen, dann trocken tupfen.

- Für die Panade Eier mit Hafercreme, etwas Salz und Pfeffer in einem tiefen Teller verquirlen.

- Haferflocken mit dem Kichererbsenmehl und den Kräutern der Provence mischen.

- Auberginen- und Zucchinischeiben zuerst im verquirlten Ei und danach in den Haferflocken wenden.

- Die Hälfte des Olivenöls erhitzen, darin die Hälfte der Taler von beiden Seiten bei mittlerer Temperatur goldbraun ausbacken. Mit der zweiten Hälfte des Olivenöls und der Taler auf die gleiche Weise verfahren.

- Für die Gremolata Zitrone auspressen. Knoblauch abziehen und hacken. Beides mit der Petersilie vermengen. Den Ziegenkäse auf die Taler streichen und mit der Gremolata bestreuen.

Nährwerte pro Portion:
800 kcal • 25 g E • 59 g F • 42 g KH • 9,5 g Ba (2,4 g Beta-Glucan)

Gemüse-Hafer-Waffeln

verdauungsfördernd
Für 12 Waffeln
ca. 35 Min. + ca. 30 Min. Ruhezeit

150 g Dinkelmehl (Type 603) • 100 g kleinblättrige Haferflocken • 2 Eier • 200 ml Haferdrink • 1 TL Backpulver • 300 g Möhren • 1 Kohlrabi • 100 g Lauch • Salz • Pfeffer • 1/4 TL Paprika • 1 EL Rapsöl zum Einfetten des Waffeleisens • 100 g Rucola • 150 g Cocktailtomaten

- Dinkelmehl und Haferflocken mit Eiern, Haferdrink und Backpulver zu einem Teig verrühren. Möhren und Kohlrabi raspeln und unter den Teig heben. Lauch in sehr feine Streifen schneiden und ebenfalls unter den Teig mischen. Eventuell etwas Mineralwasser dazugeben; der Teig sollte zähflüssig sein.

- Mit Salz, Pfeffer und Paprika würzen. Das Waffeleisen aufheizen, einfetten und die Waffeln ausbacken. Die Waffeln schmecken warm und kalt. Rucola und halbierte Tomaten dekorativ auf den Waffeln anrichten.

Nährwerte pro Waffel:
120 kcal • 5 g E • 3 g F • 18 g KH • 3,0 g Ba (0,2 g Beta-Glucan)

« Gemüse-Hafer-Waffeln

Kartoffelspalten mit Hafer-Feta-Dip

eiweißreich
Für 2 Portionen
20 Min.

500 g mittelgroße Kartoffeln • 2 EL Rapsöl • Salz • 1/2 TL Paprikapulver, edelsüß • 1/2 TL weißer Pfeffer • 1/2 TL getrockneter Oregano • 1/2 TL getrocknetes Basilikum • 3 EL großblättrige Haferflocken • 80 g rote Paprika • 1 Knoblauchzehe • 100 g Feta • 1 EL Olivenöl • 1–2 EL Hafercreme • 1/2 TL Paprikapulver, edelsüß • Salz

- Backofen auf 200 °C vorheizen. Kartoffeln gründlich waschen und längs in Achtel schneiden. Mit Öl, Salz und den Gewürzen vermengen. Auf einem Backblech verteilen und 30 Minuten auf mittlerer Schiene garen.

- Haferflocken in einer beschichteten Pfanne ohne Zugabe von Fett rösten. Paprika waschen, putzen und in grobe Stücke schneiden. Knoblauch abziehen und grob zerschneiden.

- Feta grob zerbröseln. Alles zusammen mit dem Öl und der Hafercreme pürieren. Mit Paprika und Salz abschmecken.

Nährwerte pro Portion:
525 kcal • 15 g E • 29 g F • 50 g KH • 5,6 g Ba (0,1 g Beta-Glucan)

Vegane Burger mit Avocadomus

eiweißreich
Für 4 Burger
50 Min.

- 350 g weiße Bohnen (Dose)
- 100 g großblättrige Haferflocken
- 1 EL Chiasamen
- 3 EL Sesamsamen
- 2 EL Sojasauce
- ½ TL Salz
- 1 TL Kurkumapulver
- 4 EL Olivenöl
- 1 reife Avocado
- ½ Limette, Saft
- Salz
- Pfeffer
- 1 Handvoll Rucola
- 4 Brötchen nach Belieben (z. B. Hafer-Zucchini-Brötchen, Seite 111)

Abgetropfte Bohnen mit Haferflocken, Chiasamen, Sesamsamen, Sojasauce, ½ TL Salz und Kurkuma in einen Standmixer geben und zu einer homogenen Masse pürieren. Das Ganze etwa 30 Minuten zum Quellen stehen lassen.

In der Zwischenzeit die Avocado halbieren, das Fruchtfleisch herauskratzen und samt Limettensaft in einer Schüssel mit einer Gabel zu Mus zerdrücken. Mit Salz und Pfeffer abschmecken. Den Rucola verlesen, waschen und trocken schleudern.

Den Teig zu 4 gleich großen Pattys formen (das geht am besten mit einer Burgerpresse, dabei immer ein paar Haferflocken in die Presse und oben auf den Pattyteig streuen). Das Öl in einer Pfanne erhitzen und die Pattys darin von jeder Seite 3–4 Minuten bei mittlerer Hitze goldbraun braten.

Die Brötchen aufschneiden und mit Avocadomus bestreichen. Mit je 1 Patty und mit Rucola belegen, die Brötchendeckel auflegen und die Burger am besten mit einen bunten Blattsalat servieren.

Nährwerte pro Burger:
470 kcal • 14 g E • 25 g F • 47 g KH • 8,8 g Ba (1,2 g Beta-Glucan)

Bohnenbratlinge im Haferflockenmantel

Rezept zum Coverfoto
Für 2 Portionen
50 Min.

- 30 g kleinblättrige Haferflocken
- 120 g Kidneybohnen (Dose)
- 1 EL Chiasamen
- 1 kleine Möhre
- ½ Zwiebel
- 1 TL Senf
- 1 EL Sojasauce
- 1 TL Tomatenmark
- 2 EL frisch gehackte Petersilie
- Salz
- weißer Pfeffer
- ½ Gurke
- 200 g Quark
- 150 g Joghurt
- 1 Handvoll Pflücksalat
- 8 Cocktailtomaten
- ½ Paprika
- 4 Radieschen
- 2 EL Aceto balsamico
- 2 EL Weizenvollkornmehl
- 1 Ei
- 1 EL Hafercreme
- 40 g großblättrige Haferflocken
- 6 EL Rapsöl

● Haferflocken zu Mehl verarbeiten. Abgetropfte Kidneybohnen mit dem Haferflockenmehl zu einer gleichmäßigen Masse pürieren. Chiasamen unterrühren und quellen lassen. Ist die Masse zu fest, wenig Wasser zugeben. Möhre raspeln, Zwiebel fein hacken und mit Senf, Sojasauce, Tomatenmark und Petersilie unter die Bratlingmasse kneten, mit Salz und Pfeffer abschmecken. Teig etwa 30 Minuten ruhen lassen.

● Für den Dip Gurke waschen, raspeln und ausdrücken. Mit Quark und Joghurt vermengen und mit Salz und Pfeffer abschmecken.

● Pflücksalat putzen, Tomaten vierteln, Paprika in kleine Streifen schneiden und Radieschen in Scheiben schneiden. Aus dem restlichen Öl und Aceto balsamico ein Dressing aufschlagen, mit Salz und Pfeffer würzen.

● Vollkornmehl auf einen tiefen Teller geben, in einen zweiten Ei mit Hafercreme aufschlagen, in einen dritten Teller die Haferflocken geben. Aus dem Teig 4–6 kleine Bratlinge formen; diese zuerst im Mehl, dann im aufgeschlagenen Ei und zum Schluss in den Haferflocken wenden. 4 EL Rapsöl erhitzen und die Bratlinge bei mittlerer Hitze von beiden Seiten etwa 3 Minuten knusprig backen.

Nährwerte pro Portion:
650 kcal • 24 g E • 38 g F • 37 g KH • 8,1 g Ba (1,8 g Beta-Glucan)

Linsenbratlinge mit Salat und Skyrdip

eiweißreich

Für 2 Portionen

45 Min.

150 g rote Linsen • 300 ml Wasser • 1 TL gekörnte Gemüsebrühe • 1 Knoblauchzehe • 2 EL Chiasamen • 30 g Dinkelvollkornmehl • 60 g kleinblättrige Haferflocken • Salz • Pfeffer • ½ TL Basilikum • ½ TL Kreuzkümmel • 2 EL Olivenöl • 150 g Skyr • 2 EL Leinöl • ¼ TL Kurkuma • 100 g Rucola • 120 g Tomaten

- Linsen etwa 10 Minuten in Wasser mit Gemüsebrühe weich garen, abgießen und abkühlen lassen. Knoblauch schälen und fein hacken. Linsen mit Knoblauch, Chiasamen, Mehl und Haferflocken vermischen. Das Ganze mit Salz, Pfeffer, Basilikum und Kreuzkümmel würzen. Daraus 6–8 Bratlinge formen.

- Öl in einer Pfanne erhitzen und Bratlinge darin etwa 5 Minuten von beiden Seiten goldbraun anbraten.

- Skyr mit Leinöl verrühren, mit Salz, Pfeffer und Kurkuma würzen. Bratlinge mit Skyrdip, Rucola und Tomaten servieren.

Nährwerte pro Portion:

630 kcal • 35 g E • 26 g F • 63 g KH • 18,9 g Ba (1,0 g Beta-Glucan)

Haferbratlinge mit Kohlrabi-Rohkost

verdauungsfördernd

Für 2 Portionen

55 Min.

220 ml Gemüsebrühe • 80 g großblättrige Haferflocken • 4 EL fein gehackte Petersilie • ¼ TL Pfeffer • ½ Zwiebel • 60 g Stangensellerie • 80 g rote Spitzpaprika • 1 Möhre • 4 EL Rapsöl • 2 EL Dinkelvollkornmehl • 4 EL Vollkornsemmelbrösel • 2 Möhren • 1 Kohlrabi • Salz • weißer Pfeffer • ½ Zitrone, Saft • 2 EL Walnussöl

- Haferflocken mit kochender Gemüsebrühe übergießen, Petersilie und Pfeffer zufügen und 15 Minuten quellen lassen.

- Zwiebel, Sellerie und Paprika waschen bzw. putzen und klein würfeln. Möhre schälen und fein raspeln. Gemüse in 1 EL Öl andünsten, zusammen mit Dinkelvollkornmehl und Semmelbröseln zu den Haferflocken geben. Aus der Masse ovale Bratlinge formen und in einer beschichteten Pfanne im restlichen Öl auf jeder Seite 5 Minuten knusprig braten.

- Möhren und Kohlrabi schälen und grob raspeln. Salzen und pfeffern. Zitronensaft und Walnussöl unterrühren.

Nährwerte pro Portion:

620 kcal • 14 g E • 34 g F • 63 g KH • 15,1 g Ba (2,0 g Beta-Glucan)

Haferbratlinge mit Kohlrabi-Rohkost

Hafer-Spinat-Pfannkuchen mit Feta

eiweißreich

Für 2 Portionen

30 Min.

- 60 g kleinblättrige Haferflocken
- 2 Eier
- 150 ml Haferdrink
- 2 EL frisch geriebener Parmesan
- ½ TL Salz
- 4 EL Olivenöl
- 250 g Babyspinat
- ½ Schalotte
- 1 Knoblauchzehe
- Pfeffer
- Muskatnuss
- 100 g Feta

● Für die Pfannkuchen die Haferflocken im Mixer oder Küchenmultifunktionsgerät zu Mehl mahlen und in eine Schüssel geben. Eier, Haferdrink, Parmesan und Salz hinzugeben und alles zu einem flüssigen Teig verrühren. Den Backofen auf 100 °C vorheizen.

● Etwas Öl in einer großen beschichteten Pfanne erhitzen. Eine Kelle Teig hineingeben und backen, bis die Unterseite goldbraun ist. Den Pfannkuchen mithilfe eines Tellers oder Deckels wenden und fertig braten. Dann auf eine Platte gleiten lassen und im Backofen warm stellen. Mit dem restlichen Teig ebenso verfahren, bis er aufgebraucht ist.

● Für die Füllung den Spinat verlesen, waschen und trockenschleudern. Die Schalotte und die Knoblauchzehe abziehen und fein hacken.

● Etwa 1 EL Olivenöl in einem Topf erhitzen, Schalotte und Knoblauch darin glasig anschwitzen. Den Spinat zugeben und zusammenfallen lassen. Mit Salz, Pfeffer und Muskat würzen. Feta in kleine Würfel schneiden oder klein bröckeln.

● Die Pfannkuchen auf 2 Teller verteilen, anteilig mit Füllung belegen, mit Feta bestreuen und zusammenklappen. Heiß servieren.

Nährwerte pro Portion:

600 kcal • 26 g E • 44 g F • 25 g KH • 6,8 g Ba (1,7 g Beta-Glucan)

Mangoldrouladen mit Feta

vitalstoffreich

Für 2 Portionen

1 Std. + Einweichzeit über Nacht

- 50 g großblättrige Haferflocken
- 300 g Mangold
- Salz
- 100 g Feta
- 1 Knoblauchzehe
- 20 g Butter
- 1 Ei
- 100 ml Hafercreme
- Pfeffer
- 150 ml Gemüsebrühe
- ½ Zitrone, abgeriebene Schale

● Haferflocken über Nacht in Wasser einweichen.

● Mangold putzen und waschen, dabei die Stiele abschneiden die Mittelrippen der Blätter etwas flach schneiden. Mangoldblätter in reichlich Salzwasser kurz blanchieren, mit einem Schaumlöffel herausheben, abschrecken und gründlich trocken tupfen.

● Feta fein würfeln. Haferflocken abgießen. Knoblauch abziehen und fein hacken, die Butter in einer Pfanne erhitzen, die Haferflocken darin unter Rühren rösten, den Knoblauch dazugeben und mit Salz und Pfeffer würzen.

● Für die Füllung die Haferflockenmischung mit Feta, Ei und 1 EL Hafercreme gut vermengen, die Masse mit Salz und Pfeffer abschmecken. Die Füllung auf den Stielansatz der 4 Mangoldblätterlagen setzen und diese zu Rouladen einrollen, dabei die Seiten der Blätter leicht einschlagen.

● Die Brühe in einen Topf geben, zusammen mit der restlichen Hafercreme sowie Zitronenschale gut verrühren das Ganze aufkochen und so lange bei mittlerer Hitze offen köcheln lassen, bis die Sauce eindickt.

● Die Mangoldrouladen in die Sauce legen und zugedeckt bei kleiner Hitze 8 Minuten garen. Zusammen mit der Sauce anrichten.

Nährwerte pro Portion:

420 kcal • 19 g E • 29 g F • 20 g KH • 6,9 g Ba (1,4 g Beta-Glucan)

Vegetarische Tortillawraps mit Haferflockenfalafel

eiweißreich

Für 2 Portionen

40 Min. + 20 Min. Backzeit

- 200 g Kichererbsen (Dose)
- 50 g kleinblättrige Haferflocken
- 2 EL Zitronensaft
- 30 g Tahin
- 80 ml Hafercreme
- Salz
- ½ TL Kreuzkümmel
- ¼ TL schwarzer Pfeffer
- ½ TL Paprika, edelsüß
- 50 g Kichererbsenmehl
- 2 EL Olivenöl
- 5 EL Joghurt (3,5 % Fett)
- 2 EL Zitronensaft
- 2 EL Tahin
- 100 g Cocktailtomaten
- 100 g Spitzpaprika
- 60 g Salatmischung (Rucola, Spinat etc.)
- 4 Tortillafladen (20 cm Durchmesser)

● Kichererbsen, Haferflocken, Zitronensaft, Tahin und Hafercreme in einen Standmixer oder in ein hohes Gefäß geben und zu einer homogenen Masse pürieren. Die Gewürze mit dem Kicherebsenmehl in eine breite Schüssel geben. Die Kichererbsenpaste dazugeben und mit den Händen einen festen, homogenen Teig kneten. Mit Salz und den Gewürzen abschmecken.

● Backofen auf 200 °C vorheizen. Dann mit den Händen aus dem Teig etwa 16 kleine Bällchen formen. Diese auf ein eingefettetes Blech setzen. Die Bällchen mit Öl bepinseln und 15–20 Minuten im Backofen garen.

● Inzwischen aus Joghurt, Zitronensaft und Tahin ein Dressing herstellen. Mit Salz und den Gewürzen abschmecken.

● Tomaten und Spitzpaprika waschen, Tomaten halbieren, Spitzpaprika in Streifen schneiden. Salat abbrausen, trocken schleudern.

● Die Tortillafladen in einer Pfanne erwärmen. Dann jeden Fladen mit dem Dressing bestreichen und mit den Falafel und den Salatzutaten belegen. Die Seiten einklappen, aufrollen und genießen.

Nährwerte pro Portion:

870 kcal • 31 g E • 33 g F • 107 g KH • 17,5 g Ba (1,3 g Beta-Glucan)

Vegetarische Wirsing-Rouladen in Tomatensauce

eiweißreich

Für 2 Portionen

40 Min. + 45 Min. Backzeit

- 6 EL großblättrige Haferflocken
- 120 ml Gemüsebrühe
- 4 große Wirsingblätter
- ½ Zwiebel
- 1 Knoblauchzehe
- 100 g Tofu
- 1 Ei
- 1 EL Senf
- Salz
- weißer Pfeffer
- 200 g stückige Tomaten (Dose)
- 1 TL Kräuter der Provence
- 2 EL Rapsöl

● Haferflocken mit heißer Gemüsebrühe übergießen und quellen lassen. Backofen auf 180 °C Umluft vorheizen.

● Die äußeren Blätter vom Wirsing entfernen. Dann 4 große Wirsingblätter vorsichtig vom Strunk auslösen. Die dicken Blattrippen aus der Mitte herausschneiden. Die Blätter kurz in kochendem Salzwasser blanchieren und dann abschrecken. Blätter abtropfen lassen.

● Zwiebel und Knoblauch abziehen und fein hacken. Tofu sehr fein würfeln. Tofu mit Zwiebel, Knoblauch, Ei, Senf und abgegossenen Haferflocken mischen. Mit Salz und Pfeffer würzen.

● Je 2 Wirsingblätter übereinanderlegen und die Hälfte der Masse auf das untere Ende geben, dabei an den Seiten 2–3 cm Platz lassen. Die Seiten über die Füllung klappen und alles zu einer Roulade aufrollen. Mit Küchengarn zu einer Roulade binden.

● Tomaten mit Salz, Pfeffer und Kräutern würzen. Öl in einem feuerfesten Bräter oder einer Auflaufform erhitzen und Rouladen darin rundherum gut anbraten. Tomaten dazugeben und alles im vorgeheizten Backofen ca. 45 Minuten garen. Herausnehmen und servieren.

Das passt dazu: Hirse als Beilage

Nährwerte pro Portion:
330 kcal • 18 g E • 18 g F • 23 g KH • 6,1 g Ba (1,7 g Beta-Glucan)

Hafer-Risotto mit Pastinake, Salbei und Pancetta

verdauungsfördernd

Für 2 Portionen

ca. 1 Std.

- 1 Schalotte
- 1 Knoblauchzehe
- 2 EL Olivenöl
- 120 g Hafer
- 80 ml Weißwein
- 350 ml heiße Rinderbrühe
- 150 g Pastinaken
- 2 Stängel Salbei
- 50 g frisch geriebener Parmesan
- 2 Scheiben Pancetta
- 1 EL Butter
- Salz
- Pfeffer

● Schalotte und Knoblauchzehe abziehen und fein hacken. 1 EL Olivenöl in einem Topf erhitzen. Den Hafer zusammen mit Schalotte und Knoblauch hineingeben und kurz anschwitzen lassen.

● Mit dem Weißwein ablöschen und die Hitze reduzieren. Unter Rühren so lange köcheln lassen, bis die Flüssigkeit vollständig aufgenommen wurde, dann etwas heiße Rinderbrühe angießen. Ebenfalls einkochen lassen und in 45 Minuten unter gelegentlichem Umrühren kochen.

● Pastinaken schälen und in feine Scheiben schneiden. Den Salbei waschen und trocken schütteln. Das restliche Olivenöl in einer beschichteten Pfanne erhitzen.

● Zuerst die Pastinaken darin knusprig braten, herausnehmen und warm stellen. Dann den Salbei im Bratsatz braten und schließlich den Pancetta.

● Sobald das Haferrisotto gar ist, Butter und Parmesan unterrühren. Mit Salz und Pfeffer würzen. Das Risotto auf Teller verteilen und mit Pastinakenscheiben und je 1 Salbeistängel und 1 Pancettascheibe garniert servieren.

Nährwerte pro Portion:

530 kcal • 19 g E • 28 g F • 44 g KH • 7,8 g Ba (3,2 g Beta-Glucan)

Auberginen-Haferflocken-Bällchen in Tomatensauce

eiweißreich

Für 2 Portionen

40 Min. + 20 Min. Backzeit

- 1 mittelgroße Aubergine
- 2 EL Olivenöl + Öl für das Backblech
- 1 kleine Zwiebel
- 1 Knoblauchzehe
- 80 g Feta
- 1 Ei
- 50 g kleinblättrige Haferflocken
- 30 g Haferkleie
- Paprikapulver
- Korianderpulver
- Salz
- Pfeffer
- 400 g Tomaten
- 2 EL Tomatenmark
- 1 TL getrocknetes Basilikum
- 1 EL Pinienkerne
- 6 Stängel frisches Basilikum

● Backofen auf 200 °C vorheizen. Aubergine waschen, putzen, längs in Scheiben schneiden und auf ein mit Backpapier belegtes Backblech legen, mit etwas Öl bepinseln und im Ofen ca. 20 Min backen. Dann die Auberginen aus dem Ofen herausnehmen und abkühlen lassen.

● Inzwischen Zwiebeln und Knoblauch abziehen und fein hacken. Feta fein würfeln. Aubergine fein hacken, mit der Hälfte der Zwiebel und dem Knoblauch sowie Feta, Ei, Haferflocken und Haferkleie in eine Schüssel geben und zu einem Teig kneten. Mit Paprika, Koriander, Salz und Pfeffer abschmecken.

● Aus der Masse 10–12 walnussgroße Bällchen formen. In einer großen Pfanne 1 EL Öl erhitzen und die Bällchen von allen Seiten goldgelb anbraten. Aus der Pfanne nehmen und auf Küchenpapier abtropfen lassen.

● Tomaten waschen, putzen und klein schneiden. 1 EL Öl erhitzen, Zwiebel und Knoblauch andünsten. Tomaten und Tomatenmark zugeben und zu einer Sauce einkochen lassen, eventuell pürieren. Mit Salz, Pfeffer, getrocknetem Basilikum, Paprika und Koriander abschmecken.

● Pinienkerne in einer Pfanne ohne Fett anrösten. Frisches Basilikum waschen, trocken schütteln und in Streifen schneiden. Bällchen in der Sauce erwärmen. Mit Pinienkernen und Basilikumstreifen bestreuen.

Nährwerte pro Portion:

490 kcal • 22 g E • 29 g F • 35 g KH • 10,9 g Ba (2,5 g Beta-Glucan)

Zucchini-Puffer mit Haferflocken

verdauungsfördernd
Für 2 Portionen
30 Min.

300 g Zucchini • 50 g kleinblättrige Haferflocken • 2 EL frisch geriebener Parmesan • 1 Ei • 2 EL Schnittlauch, gehackt • Salz • Pfeffer • Paprikapulver • 4 EL Olivenöl

- Zucchini waschen, putzen und auf der Gemüseraspel fein raspeln. Haferflocken, Parmesan, Ei und Schnittlauch hinzugeben und alles zu einer Masse verrühren. Mit Salz, Pfeffer und Paprika würzen.

- Ein wenig Öl in einer beschichteten Pfanne erhitzen. Mit einem Esslöffel den Teig portionsweise in die Pfanne setzen und von beiden Seiten etwa 3 Minuten braten. Dann zum Entfetten auf ein Küchenkrepp legen und im Backofen warm stellen, bis alle Puffer gebacken sind.

Das passt dazu: ein pikanter Quark aus 150 g Magerquark, 100 g Joghurt, 1 EL Leinöl, 4 EL frisch gehackten Gartenkräutern, Salz und Pfeffer.

Nährwerte pro Portion:
380 kcal • 13 g E • 28 g F • 18 g KH • 4,6 g Ba (1,1 g Beta-Glucan)

Vegane Haferschnitzelchen

Energieschub
Für 2 Portionen
30 Min.

200 g kleinblättrige Haferflocken • 1 TL Knoblauchpulver • 1 TL Kräuter der Provence • 1 TL Paprikapulver, edelsüß • ½ TL Korianderpulver • ½ TL Salz • 200 ml Haferdrink • 80 g Paniermehl • 4 EL Olivenöl • 1 Avocado • 2 EL Zitronensaft • 150 g Joghurt • schwarzer Pfeffer • Kurkuma • 2 Stängel Koriander

- Haferflocken, Gewürze und Salz in einer Schüssel vermengen. Haferdrink erwärmen, dazugeben, umrühren und für mind. 15 Minuten quellen lassen. Nochmals gut vermengen und 4 Kugeln formen. Dann in Paniermehl drücken und dabei 1 cm dicke Schnitzelchen formen. Olivenöl in einer beschichteten Pfanne erhitzen. Die Schnitzel darin goldbraun braten. Anschließend auf Küchenkrepp entfetten.

- Avocadofruchtfleisch zerdrücken und mit Zitronensaft vermengen. Joghurt unterheben und mit Salz, Pfeffer und Kurkuma abschmecken. Frisch gehackten Koriander über den Dip streuen.

Nährwerte pro Portion:
960 kcal • 23 g E • 5 g F • 102 g KH • 20,8 g Ba (4,7 g Beta-Glucan)

Zucchini-Schiffchen

eiweißreich
Für 2 Portionen
45 Min. + 30 Min. Backzeit

2 Zucchini (à 200 g) • Salz • 1 Knoblauchzehe • 1 Frühlingszwiebel • 2 EL Rapsöl • 100 g Feta • 100 g großblättrige Haferflocken • 4 EL gehackte Petersilie • 3 EL Tomatenmark • 1 Ei • schwarzer Pfeffer • 1 TL gerebelter Thymian • 1 Prise Cayennepfeffer

- Zucchini längs halbieren und Fruchtfleisch mit einem Esslöffel herausschaben, dabei einen etwa ½ cm breiten Rand stehen lassen. Salzen. Das Zucchinifleisch pürieren. Knoblauch abziehen und fein hacken. Frühlingszwiebel waschen, putzen und in feine Ringe schneiden. Backofen auf 200 °C vorheizen und eine Auflaufform mit etwas Öl einfetten.

- Feta klein würfeln. Alle Zutaten für die Füllung vermengen und würzen.

- Haferflockenfüllung in die Zucchinihälften füllen, dann in eine Auflaufform setzen und auf mittlerer Schiene etwa 30 Minuten backen.

Nährwerte pro Portion:
470 kcal • 21 g E • 29 g F • 32 g KH • 7,1 g Ba (2,3 g Beta-Glucan)

Oldenburger Grünkohl

vitalstoffreich
Für 2 Portionen
30 Min. + 1½ Std. Kochzeit

500 g Grünkohl (oder 250 g TK-Grünkohl) • ½ Gemüsezwiebel • 2 EL Kokosöl • 200 ml Gemüsebrühe • 1 TL Senf • 90 g Hafergrütze • 2 Mettwürstchen (z. B. westfälische Mettwurst, Landjäger oder Ahle) • Salz • Zucker • Pfeffer • Muskatnuss

- Grünkohl gründlich waschen, trocken schleudern und hacken. Zwiebel abziehen und fein hacken. Kokosöl in einem großen Kochtopf erhitzen, Zwiebel darin andünsten. Dann den Grünkohl daraufgeben und so viel Brühe angießen, dass der Kohl im Topf gerade bedeckt ist. Kohl mindestens 1 Stunde köcheln lassen. Ab und an umrühren, eventuell etwas Wasser nachgießen.

- Dann den Senf unterrühren, die Hafergrütze dazugeben und die beiden Würstchen auf den Kohl legen. Das Ganze weitere 30 Minuten schmoren lassen. Grünkohl mit Salz, Pfeffer, Muskat und 1 Prise Zucker abschmecken.

Das passt dazu: Salz- oder Pellkartoffeln

Nährwerte pro Portion:
590 kcal • 35 g E • 35 g F • 35 g KH • 5,2 g Ba (2,4 g Beta-Glucan)

Hühnchen-Kürbis-Curry mit Hafergrütze

vitalstoffreich
Für 2 Portionen
ca. 40 Min.

- 100 g Hafergrütze
- 250 ml Gemüsebrühe
- 250 g Hähnchenbrustfilet
- 1 EL Hafer(flocken)mehl
- etwas grobes Meersalz
- 1 EL Kurkuma
- 1 Knoblauchzehe
- 2 cm frischer Ingwer
- 1 Zwiebel
- ½ rote Chilischote
- 400 g Hokkaido-Kürbis
- 100 g Cocktailtomaten
- 2 EL Olivenöl
- 2 EL Currypulver
- 1 EL Tomatenmark
- 100 ml Hafercreme
- ½ Limette, Saft
- Pfeffer

● Hafergrütze mit Gemüsebrühe in einen Topf geben. Zugedeckt 20 Minuten bei geringer Hitze köcheln lassen.

● Hähnchenbrustfilets in dünne Streifen schneiden. Hafermehl, wenig Salz und Kurkuma gut vermengen und Fleisch darin wenden.

● Knoblauch und Ingwer schälen und fein hacken. Zwiebel abziehen und fein würfeln. Chilischote waschen, putzen und fein würfeln. Kürbis waschen, halbieren, die Kerne herauskratzen und das Fruchtfleisch in 2 cm groß würfeln. Die Cocktailtomaten waschen und vierteln.

● Öl in einer Pfanne erhitzen. Die Hähnchenbruststreifen darin von allen Seiten anbraten und herausnehmen. Zwiebel, Knoblauch, Ingwer, Chili, Currypulver und Tomatenmark im Bratansatz rösten. Die Kürbisstücke zugeben. Mit Hafercreme ablöschen.

● Das Curry bei geringer Hitze zugedeckt ca. 10 Minuten weiterkochen. Dann das Hähnchenfleisch zusammen mit dem Limettensaft und den Cocktailtomaten zugeben. Weitere 5 Minuten zugedeckt garen. Curry mit Salz und Pfeffer abschmecken und zur Hafergrütze servieren.

Nährwerte pro Portion:
630 kcal • 52 g E • 19 g F • 12,9 g KH • 3,7 g Ba (2,9 g Beta-Glucan)

Italienischer Auberginenauflauf

verdauungsfördernd

Für 2 Portionen

40 Min. + 45 Min Backzeit

- 100 g großblättrige Haferflocken
- 150 ml Gemüsebrühe
- 750 g Auberginen
- 5 EL Olivenöl
- 600 g reife Fleischtomaten
- 2 Knoblauchzehen
- 1 Zwiebel
- 125 g Mozzarella
- 2 TL getrocknetes Basilikum
- Salz
- schwarzer Pfeffer
- 80 g geriebener Parmesan
- ½ Bund Basilikum

● Haferflocken mit heißer Gemüsebrühe übergießen und quellen lassen. Backofen auf 180 °C vorheizen. Auberginen längs halbieren, in ½ cm dicke Scheiben schneiden, mit Olivenöl bepinseln und auf ein mit Öl gefettetes Backblech legen. 10 Minuten backen, dann herausnehmen und abkühlen lassen.

● Tomaten enthäuten und würfeln. Knoblauch und Zwiebel abziehen und sehr fein hacken. Mozzarella halbieren und die Hälften in Scheiben schneiden.

● In einem Topf 2 EL Olivenöl erhitzen, Zwiebeln und Knoblauch andünsten, dann Tomaten, getrocknetes Basilikum, Salz und Pfeffer hinzufügen und ca. 10 Minuten bei niedriger Temperatur köcheln lassen.

● Eine Auflaufform mit etwas Olivenöl ausstreichen. Mit ⅔ der Tomatensauce den Boden bedecken. Die Auberginenscheiben fächerartig in die Form geben. Die gequollene Haferflockenpaste und den Parmesan auf den Auberginenscheiben verteilen. Zum Schluss mit Mozzarellascheiben und restlicher Tomatensauce bedecken. Dann für ca. 45 Minuten auf mittlerer Schiene im Backofen backen. Vor dem Servieren gehacktes Basilikum über den Auflauf streuen.

Nährwerte pro Portion:

840 kcal • 38 g E • 55 g F • 48 g KH • 15,3 g Ba (2,3 g Beta-Glucan)

Eier-Salami-Polenta-Auflauf

eiweißreich

Für 2 Portionen

35 Min + 20 Min. Backzeit

- 400 ml Gemüsebrühe
- 40 g Maisgrieß
- 40 g kleinblättrige Haferflocken
- 1 Knoblauchzehe
- 1 kleine Zwiebel
- ½ rote Paprika
- 1 grüne Chilischote
- 10 Stängel glatte Petersilie
- 2 EL Olivenöl
- 1 Dose stückige Tomaten (400 g)
- Salz
- schwarzer Pfeffer
- ½ TL Paprika, edelsüß
- ½ TL Zucker
- 3 Eier
- 6 Scheiben italienische Salami (in kleinen Scheiben)

- Gemüsebrühe zum Kochen bringen, Maisgrieß und Haferflocken unter Rühren einrieseln lassen. Mais-Hafer-Brei unter Rühren bei geringer Hitze etwa 5 Minuten kochen und dann etwa 15 Minuten quellen lassen.

- Knoblauch und Zwiebel abziehen und fein hacken. Paprika waschen, putzen und sehr fein würfeln. Chilischote ebenfalls waschen, putzen und in ganz feine Ringe schneiden.

- Backofen auf 200 °C vorheizen und die Gratinform (etwa 20 cm Durchmesser) mit etwas Öl einfetten. Petersilie fein hacken. Etwa die Hälfte unter den Maisbrei rühren.

- Restliches Öl in einer Pfanne erhitzen, die Zwiebel glasig dünsten, dann Knoblauch, Paprika und Chilischote mitdünsten. Stückige Tomaten dazugeben und einkochen lassen. Mit Salz, Pfeffer, Paprika und Zucker abschmecken.

- Polenta dünn auf dem Boden der Gratinform verteilen. Die Tomatenmasse auf die Polenta geben. Mit einem Esslöffel 3 Vertiefungen in die Tomatenmasse drücken. Die Eier nacheinander aufschlagen und je ein Ei in eine Mulde setzen.

- Salamischeiben auf dem Auflauf verteilen und das Ganze auf oberer Schiene etwa 20 Minuten backen. Dabei sollen die Eiweiße fest werden, aber die Eigelbe noch weich sein. Zum Schluss mit der restlichen Petersilie bestreuen.

Nährwerte pro Portion:

530 kcal • 24 g E • 31 g F • 41 g KH • 8,9 g Ba (0,7 g Beta-Glucan)

Kabeljaufilet mit Knusperkruste

eiweißreich

Für 2 Portionen

20 Min. + 25 Min. Backzeit

50 g in Öl eingelegte getrocknete Tomaten • 2 Knoblauchzehen • 4 Stängel Basilikum • 1 Bio-Zitrone • etwas Olivenöl • 350 g Kabeljaufilet ohne Haut • Salz • weißer Pfeffer • 60 g großblättrige Haferflocken • ¼ TL Paprika • 1 Ei • 2 EL Hafercreme • 50 g frisch geriebenen Gouda

- Tomaten mit Küchenkrepp abtupfen und fein würfeln. Knoblauch abziehen und fein hacken. Basilikumblätter hacken. Zitrone waschen und in Scheiben schneiden. Eine Auflaufform mit Olivenöl einpinseln, Zitronenscheiben darin verteilen. Fischfilets darauflegen und mit Salz und Pfeffer würzen. Backofen auf 180 °C vorheizen.

- Aus Tomatenwürfeln, Haferflocken, Knoblauch, Basilikum, Paprika, Ei und Hafercreme eine Masse herstellen. Mit Salz und Pfeffer würzen und über den Fisch geben. Gouda darüberstreuen. Fisch auf der mittleren Schiene etwa 25 Minuten backen.

Nährwerte pro Portion:

450 kcal • 45 g E • 20 g F • 22 g KH • 4,5 g Ba (1,3 g Beta-Glucan)

Fischfrikadellen

eiweißreich

Für 2 Portionen

30 Min. + 1 Std. Ruhezeit

10 g frischer Dill • ½ Zwiebel • 250 g Fischfilet z. B. Kabeljau, Lachs, Rotbarsch, Seelachs • 1 Ei • 40 g kleinblättrige Haferflocken • Salz • weißer Pfeffer • 20 g Semmelbrösel • 2 EL Rapsöl

- Dill waschen, trocken tupfen und die Blättchen von den Stielen zupfen und fein hacken. Zwiebel abziehen und fein hacken. Fischfilet in feine Würfel schneiden. Die fein gehackten Zutaten mit dem Ei und 25 g Haferflocken in einer Schüssel zu einer homogenen Masse verkneten. Mit Salz und Pfeffer würzen. Die Fischmasse im Kühlschrank etwa 1 Stunde ruhen lassen.

- Aus der Masse 4 Frikadellen formen. Restliche Haferflocken mit Paniermehl in einem tiefen Teller vermengen, die Fischfrikadellen darin wälzen. Das Öl in einer beschichteten Pfanne erhitzen und die Frikadellen bei mittlerer Hitze von beiden Seiten etwa 5 Minuten goldgelb braten.

Nährwerte pro Portion:

340 kcal • 30 g E • 15 g F • 20 g KH • 3,1 g Ba (1,3 g Beta-Glucan)

Kabeljaufilet mit Knusperkruste

Hackfrikadellen mit Käsekern

eiweißreich
Für 2 Portionen
40 Min.

1 kleine Zwiebel • 1 Knoblauchzehe • 300 g gemischtes Hackfleisch • 100 g kleinblättrige Haferflocken • 1 Ei • 1 TL Senf • 1 TL Tomatenmark • ½ TL Salz • ¼ TL gemahlener Kreuzkümmel • ¼ TL Paprikapulver, edelsüß • ¼ TL weißer Pfeffer • 30 g Gouda • 2 EL Olivenöl

- Zwiebel und Knoblauch abziehen und fein hacken. Hack mit Zwiebel- und Knoblauchwürfeln sowie Haferflocken, Ei, Senf und Tomatenmark vermengen. Mit Salz, Kreuzkümmel, Paprikapulver und Pfeffer würzen und aus der Masse 6 kleine Buletten formen. Käse in 6 Würfel schneiden. Jeweils ein Stück Käse in jede Bulette drücken und wieder in Form bringen.

- Olivenöl in einer beschichteten Pfanne erhitzen und die Buletten von jeder Seite etwa 2 Minuten anbraten. Danach die Temperatur reduzieren und die Buletten unter Wenden in etwa 12–15 Minuten goldbraun braten. Direkt aus der Pfanne oder auch kalt genießen.

Nährwerte pro Portion:
700 kcal • 44 g E • 46 g F • 30 g KH • 5,9 g Ba (2,3 g Beta-Glucan)

Putenschnitzel mit Haferflocken-Panade

Energieschub
Für 2 Portionen
30 Min.

8 EL kleinblättrige Haferflocken • 3 EL Dinkelmehl, Type 630 • 1 Ei • Salz • weißer Pfeffer • 2 Putenschnitzel à 150 g • 4 EL Rapsöl

- Haferflocken und Mehl jeweils auf einen flachen Teller geben. Das Ei in einen tiefen Teller aufschlagen und mit Salz und Pfeffer würzen.

- Schnitzel waschen, mit Küchenkrepp trocken tupfen, flach ausklopfen und halbieren. Anschließend erst in Mehl, dann in der Eimasse und zum Schluss in den Haferflocken wälzen.

- Rapsöl in einer beschichteten Pfanne erhitzen, die panierten Schnitzel darin goldgelb ausbacken und anschließend auf Küchenkrepp entfetten.

Nährwerte pro Portion:
530 kcal • 46 g E • 26 g F • 28 g KH • 3,9 g Ba (1,5 g Beta-Glucan)

Hafer mit mariniertem Lachs

vitalstoffreich
Für 2 Portionen
ca. 1 Std. + 30 Min. Marinierzeit

- 100 g Hafer
- 300 ml Wasser
- 1 unbehandelte Zitrone
- Salz
- 300 g Lachsfilet mit Haut
- 2 EL Olivenöl
- 1 TL Salz
- ½ TL Zucker
- 1 Prise Pfeffer
- 4 Stängel Thymian
- 4 EL frisch gehackter Dill

● Hafer ohne Zugabe von Fett im Topf anrösten, bis er zu duften anfängt. Dann Wasser angießen und aufkochen lassen. Zitrone heiß abwaschen, trocken reiben und die Schale dünn abschälen. Zum Hafer geben und 45 Minuten bei geringer Hitze köcheln lassen.

● Die abgeschälte Zitrone auspressen. Lachsfilet unter fließendem kaltem Wasser abspülen, trocken tupfen und in 2 gleich große Stücke schneiden.

● Auflaufform mit Olivenöl einpinseln. Die Lachsfilets mit der Hautseite nach unten hineinlegen. Mit Salz, Zucker und Pfeffer würzen und mit etwas Zitronensaft beträufeln. Den Fisch abgedeckt im Kühlschrank 30 Minuten marinieren.

● Backofen auf 180 °C vorheizen. Thymian waschen und trocken schütteln. Den marinierten Lachs mit Zitronenscheiben und den Thymianstängeln belegen und im vorgeheizten Ofen auf mittlerer Schiene ca. 20 Minuten garen. Der Fisch sollte innen noch leicht glasig sein.

● Den Hafer in ein Sieb abgießen, die Zitronenschale entfernen. Hafer auf Teller verteilen. Die Lachsportionen samt Zitronenscheiben obenauf anrichten. Mit Dill bestreuen und sofort servieren.

Nährwerte pro Portion:
540 kcal • 37 g E • 30 g F • 37 g KH • 5,0 g Ba (2,6 g Beta-Glucan)

Haferrisotto mit Thunfisch-Sugo

vitalstoffreich
Für 2 Portionen
35 Min.

100 g Hafer • 1 rote Zwiebel • 2 Knoblauchzehen • je ½ rote und grüne Paprika • 2 EL Olivenöl • 300 ml Gemüsebrühe • ½ Bund Basilikum, gehackt • 1 Dose Thunfisch (naturell im eigenen Saft, 120 g Abtropfgewicht) • 2–4 TL Harissa (scharfe Paprikapaste) • 1 EL kleine Kapern • 50 g Hafercreme • Salz

- Hafer grob schroten. Zwiebel und Knoblauch abziehen und fein hacken. Paprika waschen, putzen und würfeln.

- Im Topf 1 EL Öl erhitzen, Hafer darin anrösten, mit Brühe aufgießen und garen. Das restliche Öl in einem anderen Topf erhitzen, Zwiebel, Knoblauch und Paprika darin dünsten.

- Thunfisch abtropfen lassen und zerpflücken. Mit Basilikum, Harissa, Kapern und Hafercreme unter die Paprikasauce rühren, mit Salz abschmecken. Hafergrütze auf 2 tiefe Teller verteilen und Thunfisch-Sugo darübergeben.

Nährwerte pro Portion:
390 kcal • 23 g E • 16 g F • 37 g KH • 8,5 g Ba (2,5 g Beta-Glucan)

Lachs-Tomaten-Tarte

vitalstoffreich
Für 8 Stücke
20 Min. + 45 Min. Backzeit

100 g kalte Butter • 125 g Dinkelmehl, Type 630 • 100 g kleinblättrige Haferflocken • 2 EL Hafercreme • 300 g Cocktailtomaten • 300 g Lachsfilet • ½ TL Basilikum, getrocknet • ½ TL Thymian, getrocknet • Salz • Pfeffer • ½ TL abgeriebene Zitronenschale • 2 Eier • 2 EL Senf • 250 g Magerquark • 1 EL gehackter Dill

- Butter, Mehl, Haferflocken und Hafercreme zu einem Teig kneten und in die Tarteform (22 cm Durchmesser) drücken. Die Cocktailtomaten halbieren. Den Fisch in ca. 2 cm große Würfel schneiden. Tomaten und Fisch in der Tarteform verteilen. Mit Basilikum, Thymian, Salz und Pfeffer bestreuen.

- Zitronenschale, Eier, Senf und Quark mit dem Dill verrühren und über den Fisch geben. Gleichmäßig bis an den Rand verstreichen (geht gut mit der Rückseite eines Esslöffels). Tarte etwa 45 Minuten backen und vor dem Anschneiden ca. 5–10 Minuten abkühlen lassen.

Nährwerte pro Stück:
310 kcal • 18 g E • 18 g F • 20 g KH • 2,6 g Ba (0,4 g Beta-Glucan)

Lachs-Tomaten-Tarte

BROT UND BRÖTCHEN

Tomaten-Focaccia mit Wiesenmotiv

verdauungsfördernd

Für 12 Stücke

30 Min. + 60 Min Gehzeit + 25 Min. Backzeit

250 g Dinkelmehl, Type 630 • 200 g kleinblättrige Haferflocken • 1 EL Salz • 1 Pck. Trockenhefe • 1 TL Honig • 4 EL Olivenöl • 400 ml passierte Tomaten • als Deko z. B. Küchenkräuter, Cocktailtomaten, Knoblauch, rote Zwiebel • grobes Salz

- Alle Zutaten in eine Schüssel geben und zu einer Teigkugel verkneten. Teig mindestens 30 Minuten gehen lassen, bis er sein Volumen verdoppelt hat.

- Aus dem Teig einen backblechgroßen Fladen ausrollen und auf einem mit Backpapier ausgelegten Backblech legen. Aus Kräutern, Cocktailtomaten, Zwiebelstreifen, Knoblauch ein Blumenbild legen. Das Ganze mit dem Nudelholz etwas flach drücken. Mit Wasser bestreichen und mit grobem Salz bestreuen. Focaccia mit einem Geschirrtuch bedeckt weitere 30 Minuten gehen lassen. Den Backofen auf 180 °C vorheizen. Dann das Focaccia auf mittlerer Schiene etwa 20 Minuten backen.

Nährwerte pro Stück:

160 kcal • 5 g E • 5 g F • 25 g KH • 3,0 g Ba (0,1 g Beta-Glucan)

Kerniges Apfel-Roggenmischbrot

verdauungsfördernd

Für 1 Kastenform (25 Scheiben)

1 Std. + 45 Min. Backzeit

- 80 g getrocknete Apfelringe (soft)
- 100 g Weizenmehl, Type 550
- 150 g Roggenmehl, Type 1150
- 50 g Haferkleie + etwas zum Bestreuen
- ½ Pck. getrockneter Sauerteigextrakt (15 g)
- ½ Pck. Trockenbackhefe
- 50 g verschiedene Kerne, z. B. Sonnenblumen- und Kürbiskerne
- ½ TL gemahlener Koriander
- 2 TL Flohsamen
- ½ TL Salz
- 330 ml lauwarmes Wasser
- 2 EL Wasser zum Bestreichen
- Kerne zum Bestreuen

● Apfelringe klein schneiden. Beide Mehlsorten, Haferkleie, Sauerteigextrakt und Trockenbackhefe sowie Kerne, Apfelstücke, Koriander, Flohsamen und Salz in eine Schüssel geben und das lauwarme Wasser hinzufügen.

● Alles mit den Knethaken eines Mixers kurz auf niedrigster, dann auf mittlerer Stufe in etwa 5 Minuten zu einem glatten Teig verkneten.

● Teig zugedeckt an einem warmen Ort so lange gehen lassen, bis er sich sichtbar vergrößert hat. Inzwischen Form fetten. Backofen auf 180 °C vorheizen.

● Teig in die Form geben und zugedeckt an einem warmen Ort so lange gehen lassen, bis er sich sichtbar vergrößert hat.

● Anschließend die Oberfläche mit Wasser bestreichen, mit Haferkleie und Kernen bestreuen und das Brot auf mittlerer Schiene etwa 45 Minuten backen. Das fertig gebackene Brot aus der Form lösen, auf einen Kuchenrost stürzen und erkalten lassen.

Nährwerte pro Scheibe:

70 kcal • 3 g E • 2 g F • 10 g KH • 1,6 g Ba (0,2 g Beta-Glucan)

Hafer-Zucchini-Brötchen

vitalstoffreich

Für 12 Brötchen

20 Min. + 1 Std. Gehzeit + 20 Min. Backzeit

400 g Zucchini • 300 g Weizenmehl, Type 1050 • 50 g Haferkleie • 100 g großblättrige Haferflocken • 1 Pck. Trockenhefe • 1 TL Rübensirup • 1 TL Salz • 2 EL Rapsöl

- Zucchini waschen, grob in Stücke schneiden und zu einem feinen Brei pürieren. Anschließend Mehl, Haferkleie, Haferflocken, Trockenhefe, Rübensirup und Salz mit dem Zucchinibrei vermengen. Rapsöl einrühren und den Teig kräftig kneten. Die Teigkugel etwa 30 Minuten gehen lassen, bis das Volumen sich verdoppelt hat.

- Aus dem Teig etwa 12 runde Brötchen formen und auf ein mit Backpapier ausgelegtes Backblech setzen. Die Brötchen mit einem Handtuch bedeckt weitere 30 Minuten gehen lassen. Backofen auf 180 °C vorheizen. Dann die Brötchen auf mittlerer Schiene etwa 20 Minuten backen.

Nährwerte pro Brötchen:

150 kcal • 6 g E • 3 g F • 25 g KH • 3,0 g Ba (0,6 g Beta-Glucan)

Dinkel-Amaranth-Brötchen

Energieschub

Für 12 Brötchen

30 Min. + 1 Std. Gehzeit + 20 Min. Backzeit

250 g Dinkelvollkornmehl • 150 g Amaranth, frisch gemahlen • 150 g Dinkelmehl, Type 630 • 100 g kleinblättrige Haferflocken • 1 EL Salz • 1 Pck. Trockenhefe • 1 TL Honig • 50 g geschroteter Leinsamen • 420 ml lauwarmes Wasser

- Alle Zutaten in eine Schüssel geben und zu einer Teigkugel verkneten. Den Teig mindestens 30 Minuten gehen lassen, bis er sein Volumen verdoppelt hat.

- Dann aus dem Teig etwa 12 runde Brötchen formen und auf einem mit Backpapier ausgelegten Backblech anordnen. Die Brötchen mit einem Handtuch bedeckt weitere 30 Minuten gehen lassen.

- Den Backofen auf 180 °C vorheizen. Dann die Brötchen auf mittlerer Schiene etwa 20 Minuten backen.

Nährwerte pro Brötchen:

200 kcal • 7 g E • 4 g F • 35 g KH • 4,9 g Ba (0,3 g Beta-Glucan)

Haferflocken-Stangen

eiweißreich
Für 6 Stangen
1 Std. + 30 Min. Backzeit

200 g Weizenmehl, Type 1050 • 100 g großblättrige Haferflocken • 2 EL Haferkleie • 20 g getrocknete Cranberry • 20 g gehackte Haselnüsse • 1 Pck. Trockenhefe • ½ TL Salz • 1 EL Honig • 150 ml Milch • 50 g Butter • 50 g Magerquark • 1 Ei

- Mehl, Haferflocken, Haferkleie, Cranberry, Haselnüsse, Trockenhefe, Salz und Honig vermischen. Die Milch erwärmen, zusammen mit Butter, Quark und Ei dazugeben, erst mit einem Kochlöffel unterrühren, dann mit den Händen zu einem Teig verkneten. Diesen an einen warmen Ort gehen lassen, bis sich sein Volumen verdoppelt hat.

- Teig in 6 Portionen teilen, zu Stangen formen und auf ein mit Backpapier ausgelegtes Blech setzen. Mit einem Messer tiefe Furchen einschneiden und erneut gehen lassen. Auf mittlerer Schiene im vorgeheizten Backofen bei 180 °C etwa 20 Minuten goldbraun backen.

Nährwerte pro Stange:
300 kcal • 10 g E • 10 g F • 40 g KH • 3,4 g Ba (0,7 g Beta-Glucan)

Hafer-Brötchen

verdauungsfördernd
Für 6 Brötchen
1 Std. + 20 Min. Backzeit

100 g Dinkelvollkornmehl • 80 g Dinkelmehl, Type 630 • 60 g kleinblättrige Haferflocken • 40 g Haferkleie • ½ Pck. Trockenhefe • ½ TL Salz • 120 ml Milch • 90 g Butter • 1 TL Honig • 1 Ei • 2 EL großblättrige Haferflocken

- Mehle, Haferflocken, Haferkleie, Trockenhefe und Salz mischen. Milch erwärmen und Butter und Honig hinzufügen. Alles mit den Knethaken eines Handrührgeräts etwa 5 Minuten zu einem Teig kneten. Dann zugedeckt an einem warmen Ort gehen lassen.

- Backofen auf 180 °C vorheizen. Den Teig zu 6 gleich großen Kugeln formen. Ei verschlagen, Teigstücke damit bestreichen und mit Haferflocken bestreuen, zugedeckt nochmals so lange gehen lassen, bis sie sich sichtbar vergrößert haben. Dann auf mittlerer Schiene im Backofen ca. 20 Minuten backen. Herausnehmen und auf einem Kuchengitter auskühlen lassen.

Nährwerte pro Brötchen:
320 kcal • 8 g E • 17 g F • 30 g KH • 3,6 g Ba (0,8 g Beta-Glucan)

Hafer-Brötchen

Walnuss-Maronen-Brot

verdauungsfördernd
Für 1 Kastenform (25 Scheiben)
1 Std. + 40 Min. Backzeit

150 g großblättrige Haferflocken • 250 g Roggenvollkornmehl • 100 g Weizenmehl, Type 550 • 15 g getrockneter Sauerteigextrakt • ½ Pck. Trockenhefe • 1 TL Salz • 2 EL Birnendicksaft • 100 g grob gehackte Walnüsse • 100 g gehackte gekochte Maronen • 500 ml Buttermilch

- Haferflocken etwa 1 Stunde in Wasser einweichen. Mehle, Sauerteigextrakt, Trockenhefe, Salz, Birnendicksaft, Walnüsse und Maronen zugeben und mischen. Lauwarme Buttermilch zufügen, alles zu einem Teig kneten und zugedeckt an einem warmen Ort gehen lassen.

- Teig in die gefettete Form geben, glatt streichen und nochmals zugedeckt gehen lassen. Dann im vorgeheizten Backofen bei 200 °C etwa 40 Minuten auf unterer Schiene backen. In der Form abkühlen lassen, dann erst herausnehmen vollständig erkalten lassen.

Nährwerte pro Scheibe:
90 kcal • 4 g E • 4 g F • 10 g KH • 2,1 g Ba (0,2 g Beta-Glucan)

« Körnerklotz

Körnerklotz

eiweißreich
Für 1 Kastenform (20 Scheiben)
10 Min. + 12 Std. Quellzeit + 1 Std. Backzeit

125 g Sonnenblumenkerne • 70 g ganze Mandeln • 100 g Leinsamen • 150 g großblättrige Haferflocken • 2 EL Chiasamen • 4 EL Flohsamenschale • 1 TL Salz • 420 ml Wasser • 1 EL Yuconsirup • 3 EL Kokosöl

- Sonnenblumenkerne, Mandeln, Leinsamen, Haferflocken, Chiasamen, Flohsamenschalen und Salz vermischen. Wasser, Yuconsirup und Kokosöl in einen Messbecher geben und verrühren.

- Dann zu den trockenen Zutaten geben und alles gut vermengen. Eine Kastenform mit Backpapier auslegen. Körnerteig in die Backform füllen, glattstreichen und zugedeckt bei Raumtemperatur über Nacht stehen lassen.

- Backofen auf 180 °C vorheizen, das Brot 20 Minuten backen lassen. Dann herausnehmen, vorsichtig aus der Form lösen, auf ein Backblech stürzen und ca. 40 Minuten weiterbacken.

Nährwerte pro Scheibe:
120 kcal • 5 g E • 8 g F • 8 g KH • 3,0 g Ba (0,2 g Beta-Glucan)

Olivenbaguette-brötchen

verdauungsfördernd
Für 8 Brötchen
1 Std. + 25 Min. Backzeit

150 g Weizenmehl, Type 550 • 150 g Roggenmehl, Type 1150 • 100 g Weizenvollkornmehl • 100 g kleinblättrige Haferflocken • 1 Pck. Trockenhefe • 1 EL Honig • 6 EL Olivenöl • 250 ml Wasser • 1 TL Salz • 1 TL fein gehackte Rosmarinnadeln • 150 g grob gehackte schwarze Oliven • 3 EL frisch geriebener Parmesan

- Mehle und Haferflocken in eine Schüssel geben und vermischen. Hefe und Honig hinzufügen. Olivenöl und lauwarmes Wasser angießen. Salz, Rosmarin und Oliven hinzufügen. Alles zu einem geschmeidigen Teig kneten und an einem warmen Ort gehen lassen, bis sich das Volumen verdoppelt hat.

- Aus dem Teig 8 Brötchen formen. Mit einem Messer Rillen einschneiden. Den Backofen auf 200 °C vorheizen. Die Baguettebrötchen auf ein mit Backpapier ausgelegtes Blech setzen und noch weitere 15 Minuten gehen lassen. Mit Parmesan bestreuen. Auf mittlerer Schiene etwa 25 Minuten backen lassen.

Nährwerte pro Brötchen:
320 kcal • 8 g E • 12 g F • 43 g KH • 5,3 g Ba (0,6 g Beta-Glucan)

Grünes Super-Ciabatta

verdauungsfördernd
Für 1 Brot (20 Scheiben)
1 Std. + 35 Min. Backzeit

80 g Spinat • 2 EL Wasser • 300 g Dinkelmehl, Type 630 • 200 g kleinblättrige Haferflocken • 20 g großblättrige Haferflocken • 1 Pck. Trockenhefe • 1 EL Honig • 2 EL Olivenöl • 250 ml Wasser • 2 TL Salz • 2 EL großblättrige Haferflocken zum Bestreuen

- Spinat waschen, verlesen und mit Wasser pürieren. Dinkelmehl und Haferflocken in eine Schüssel geben. Hefe und Honig hinzufügen. Olivenöl und lauwarmes Wasser angießen. Salz und pürierten Spinat hinzufügen. Alles zu einem geschmeidigen Teig kneten und an einem warmen Ort gehen lassen, bis sich das Volumen verdoppelt hat.

- Aus dem Teig einen langen Brotlaib formen. Mit einem Messer Rillen einschneiden. Backofen auf 200 °C vorheizen. Brotteig auf dem Backblech noch weitere 15 Minuten gehen lassen. Mit Wasser bestreichen und mit Haferflocken bestreuen. Auf mittlerer Schiene etwa 35 Minuten backen lassen.

Nährwerte pro Scheibe:
100 kcal • 4 g E • 2 g F • 18 g KH • 2,0 g Ba (0,2 g Beta-Glucan)

Haferflocken-Möhren-Brot

eiweißreich

Für 1 Brot (10 Scheiben)

ca. 1 Std. + 45 Min. Backzeit

200 g Möhren • 450 g kleinblättrige Haferflocken • 2 Päck. Backpulver • ½ TL Salz • 3 Eier • 250 g Skyr • 250 g Magerquark • 2 EL dunkler Yuconsirup

- Möhren waschen, schälen und fein raspeln. Die Haferflocken mit dem Backpulver und Salz vermengen.

- Backofen auf 180 °C vorheizen. Eine Kastenform mit Backpapier auslegen. Die Eier verquirlen, Skyr, Quark und Yuconsirup einrühren, dann die Möhrenraspel unterrühren. Zum Schluss die Haferflocken untermengen.

- Teig in die Kastenform geben und das Ganze auf mittlerer Schiene etwa 45 Minuten backen. Ein wenig in der Kastenform abkühlen lassen und nach 10 Minuten herausnehmen.

Nährwerte pro Scheibe:

240 kcal • 14 g E • 5 g F • 33 g KH • 5 g Ba (2,2 g Beta-Glucan)

Knäcke-Vierecke

verdauungsfördernd

Für 20 kleine Scheiben

30 Min. + 1½ Std. Backzeit

75 g kleinblättrige Haferflocken • 50 g Mohn • 50 g Sesam • 50 g geschroteter Leinsamen • 200 g fein geriebene Möhren • 1 TL Salz • 2 EL Rapsöl • Mohn und Sesam zum Bestreuen

- Backofen auf 125 °C vorheizen. Alle Zutaten in einer Schüssel zu einem Teig vermengen. Möhren sollten Flüssigkeit abgeben, damit der Teig sich feucht anfühlt. Ansonsten 1–3 EL Wasser hinzufügen.

- Teig zwischen 2 Bögen Backpapier legen und möglichst dünn ausrollen. Das obere Backpapier entfernen. Mohn und Sesam aufstreuen, das Backpapier wieder auflegen und leicht darüberrollen, sodass die Samen anhaften.

- Backpapier entfernen den Teig in Vierecke (5 × 5 cm) schneiden. Das Backpapier mit dem Knäcke auf ein Blech schieben. Auf unterster Schiene ca. 90 Minuten backen, bis das Knäcke trocken ist.

Nährwerte pro Scheibe:

60 kcal • 2 g E • 5 g F • 3 g KH • 2,0 g Ba (0,3 g Beta-Glucan)

SÜSSES

Hafer-Cranberry-Riegel

zuckerfrei
Für 15 Riegel
⏲ 30 Min. + 18 Min. Backzeit

100 g getrocknete Cranberry • 100 g Haselnüsse • 50 g Butter • 120 g Erythrit • 150 g großblättrige Haferflocken • 40 g Kokosflocken

- Cranberry und Haselnüsse fein hacken. Butter und Erythrit in einem Topf unter Rühren erhitzen. Haferflocken, Cranberry, Haselnüsse und 35 g der Kokosflocken einrühren.

- Backform (Kastenform 30 cm) einfetten mit wenigen Kokosflocken ausstreuen, Masse hineingeben und fest andrücken. Im auf 170 °C vorgeheizten Backofen ca. 18 Minuten backen.

- Herausnehmen und 10 Minuten abkühlen lassen, zu Riegeln schneiden und dann vollständig Auskühlen lassen.

Nährwerte pro Riegel:
140 kcal • 3 g E • 9 g F • 11 g KH • 3 g Ba (0,4 g Beta-Glucan)

Schoko-Müsli-Riegel

Seelentröster
Für 8 Riegel
30 Min. + 20 Min. Backzeit

2 EL geschrotete Leinsamen • 4 EL Wasser • 40 g Mandeln • 40 g Haselnüsse • 30 g Rosinen • 30 g Kokosöl • 100 ml Yaconsirup • 40 g Mandelmus • 100 g großblättrige Haferflocken • 25 g Sonnenblumenkerne • 25 g Kakaonibs

- Leinsamen mit Wasser verrühren und 10 Minuten quellen lassen. Nüsse und Rosinen klein hacken. Nüsse in einer Pfanne ohne Fett kurz anrösten. Kokosöl mit Sirup und Mandelmus in einem Topf unter Rühren schmelzen lassen.

- Musmasse mit Leinsamen, Nüssen, Rosinen, Haferflocken, Kernen und Kakaonibs gut vermengen. Eine Backform leicht einfetten und mit Backpapier auslegen. Müsliriegelmasse gleichmäßig in der Backform verteilen und fest andrücken. Sie sollte etwa 2–3 cm dick sein.

- Im vorgeheizten Ofen bei 170 °C etwa 15–20 Minuten goldgelb backen. Auskühlen lassen und in 8 Riegel schneiden.

Nährwerte pro Riegel:
200 kcal • 6 g E • 13 g F • 16 g KH • 4,4 g Ba (0,6 g Beta-Glucan)

Haferflocken-Walnuss-Riegel

Seelentröster
Für 15 Riegel
20 Min. + 20 Min. Backzeit

160 g Butter • 130 g Erythrit • 4 EL Wasser • 100 g großblättrige Haferflocken • ½ TL Zimt • 1 Msp Muskat • 2 TL Kakao • 2 Eier • 80 g Weizenvollkornmehl • 60 g gemahlene Walnüsse • 20 g gehackte Mandeln

- Für den Belag 60 g Butter, 50 g Erythrit und 4 EL Wasser köcheln, bis die Butter geschmolzen ist. Haferflocken und Zimt, Muskat und 1 TL Kakao unterrühren. Abkühlen lassen.

- Für den Teig restliche Butter, Erythrit und Eier schaumig schlagen. Mehl, Walnüsse und 1 TL Kakao unter den Teig heben. Kastenform ausfetten und mehlen. Teig einfüllen und die Haferflockenmischung gleichmäßig darauf verteilen. Zum Schluss mit den Mandeln bestreuen.

- Im auf 180 °C vorgeheizten Ofen ca. 20 Minuten backen. Auskühlen lassen und in Riegel schneiden.

Nährwerte pro Riegel:
170 kcal • 4 g E • 14 g F • 8 g KH • 2,0 g Ba (0,3 g Beta-Glucan)

Blaubeermuffins

zuckerfrei

Für 6–8 Muffins

⏲ 25 Min + 20–25 Min. Backzeit

125 g Blaubeeren • 1 Ei • 50 g Erythrit • 1 Banane • 60 ml Rapsöl • 50 ml Buttermilch • 100 g Dinkelmehl (Type 630) • 100 g großblättrige Haferflocken • ½ TL Backpulver • ¼ TL Zimt

- Den Backofen auf 180 °C vorheizen. Die Papierförmchen in die Vertiefung des Blechs setzen. Die Blaubeeren verlesen.

- Ei, Erythrit, Banane und Rapsöl cremig schlagen, Buttermilch unterrühren. Mehl, Haferflocken, Backpulver und Zimt vermischen und unter die Eiermasse rühren.

- Blaubeeren unterheben und den Teig in die Vertiefungen füllen. Auf mittlerer Schiene etwa 20–25 Minuten bei 180 °C backen.

Nährwerte pro Muffin:

210 kcal • 5 g E • 11 g F • 23 g KH • 3,3 g Ba (0,8 g Beta-Glucan)

Bananen-Kakaonibs-Kuchen

vegan

Für 1 Kastenform (15 Scheiben)

⏲ 30 Min. + 30 Min. Backzeit

150 g kleinblättrige Haferflocken • 200 ml Haferdrink • 2 reife Bananen • 2 Soft-Datteln • 70 g Erythrit • 60 ml Rapsöl • 150 g Dinkelmehl, Type 630 • 2 TL Natron • 1 Prise Salz • 1 TL Zimt • 1 Msp. Kardamompulver • 1 Msp. Muskat • 60 g Kakaonibs • 80 g gehackte, abgezogene Mandeln

- Backofen auf 180 °C vorheizen. Haferflocken mit dem Haferdrink übergießen und quellen lassen. Bananen auf einem Teller zerdrücken. Datteln fein würfelig schneiden. Öl und Erythrit miteinander vermixen. Bananenmus und Dattelstückchen unterrühren.

- Mehl, Natron und Gewürze unterrühren. Zum Schluss die gequollenen Haferflocken, Kakaonibs und Mandeln unterrühren.

- Den Kuchen auf mittlerer Schiene etwa 30 Minuten backen.

Nährwerte pro Scheibe:

190 kcal • 5 g E • 10 g F • 20 g KH • 3,0 g Ba (0,4 g Beta-Glucan)

Dänischer Apfelkuchen

zuckerfrei

Für 20-cm-Springform (8 Stücke)

30 Min. + 30 Min. Backzeit

50 g Butter • 2 Eigelbe • 200 g Erythrit • 2 EL Vanille-Erythrit • 75 g Dinkelmehl (Type 630) • 75 g kleinblättrige Haferflocken • 350 g Äpfel (Boskoop, Gravensteiner) • 50 g gehackte Walnüsse • 2 Eiweiße • 100 g Erythrit

- Butter, Eigelbe, 100 g Erythrit und Vanille-Erythrit schaumig schlagen. Mehl und Haferflocken unterkneten. Den Teig in eine mit Backpapier ausgelegte Springform (20 cm Durchmesser) verteilen und andrücken. Den Backofen auf 200 °C vorheizen.

- Äpfel schälen, von Kerngehäuse befreien und in Würfel schneiden. Die Walnüsse hacken. Eiweiße steif schlagen, 100 g Erythrit einrieseln lassen. Äpfel und Walnüsse zur Baisermasse geben und vermengen. Das Ganze gleichmäßig auf dem Teig verteilen. Im vorgeheizten Backofen auf mittlerer Schiene etwa 30 Minuten bei Ober- und Unterhitze backen (bei Umluft wird das Baiser nicht fest!).

Nährwerte pro Stück:

220 kcal • 5 g E • 12 g F • 19 g KH • 2,6 g Ba (0,4 g Beta-Glucan)

Pfirsich-Himbeer-Kuchen

zuckerfrei

Für 20-cm-Springform (8 Stücke)

30 Min. + 30 Min. Backzeit

75 ml Rapsöl • 1 Ei • 50 g Erythrit • 60 g kleinblättrige Haferflocken • 50 g Dinkelmehl, Type 630 • ½ TL Backpulver • ½ TL abgeriebene Zitronenschale • 2 Pfirsiche (alternativ: 4 Pfirsichhälften aus der Dose, ungezuckert) • 50 g frische Himbeeren (alternativ: TK-Himbeeren) • 1 EL großblättrige Haferflocken

- Backofen auf 200 °C vorheizen. In eine Springform Backpapier einklemmen und den Rand einfetten. Rapsöl, Ei und Zucker cremig schlagen. Kleinblättrige Haferflocken, Dinkelmehl, Backpulver und Zitronenschalenabrieb mischen und unter die Öl-Ei-Mischung rühren.

- Teig gleichmäßig in der Springform verteilen. Pfirsiche waschen, trocken tupfen, entsteinen, in Spalten schneiden und kreisförmig auf dem Teig verteilen. Himbeeren zwischen den Pfirsichspalten verteilen. Mit den großblättrigen Haferflocken bestreuen. Im Ofen ca. 25 Minuten goldbraun backen. Herausnehmen und auskühlen lassen.

Nährwerte pro Stück:

160 kcal • 3 g E • 11 g F • 13 g KH • 2,0 g Ba (0,3 g Beta-Glucan)

Dänischer Apfelkuchen

Pflaumen-Haferflocken-Crumble

verdauungsfördernd

Für 2 Portionen

20 Min. + 25 Min. Backzeit

500 g Pflaumen • 50 g Butter • 1 TL Zimt • 50 g Erythrit • 50 g kleinblättrige Haferflocken • 50 g Dinkelmehl (Type 630)

● Den Backofen auf 200 °C vorheizen. Pflaumen waschen, halbieren und entsteinen. Eine kleine flache Auflaufform mit etwas Butter einfetten. Die Pflaumen dicht nebeneinander in die Form setzen. Das Ganze mit dem Zimt und 2 EL Erythrit bestreuen.

● Die Butter weich werden lassen. Haferflocken, Mehl und restliches Erythrit in eine Schüssel geben und vermischen. Die weiche Butter hinzufügen und das Ganze zu Streuseln verkneten. Die Streusel über die Pflaumen geben.

● Crumble auf mittlerer Schiene ca. 20 Minuten backen. Herausnehmen und warm servieren.

Nährwerte pro Portion:

480 kcal • 9 g E • 23 g F • 54 g KH • 6,3 g Ba (1,2 g Beta-Glucan)

Rhabarber-Apfel unter Haferflockenkruste

vegan

Für 2 Portionen

30 Min. + 25 Min. Backzeit

250 g Rhabarber • ½ Apfel • 40 g Erythrit • 50 g Dinkelvollkornmehl • 30 g kleinblättrige Haferflocken • 20 g Kokosflocken • 50 g Kokosöl • 1 TL Puderzucker

● Rhabarber waschen, putzen und in Stücke schneiden. Apfel schälen, vierteln, Kerngehäuse entfernen und würfeln. Beides mit 2 EL Erythrit vermengen und in 2 Auflaufförmchen oder eine große Auflaufform verteilen.

● Mehl, Haferflocken und Kokosflocken sowie restliches Erythrit in einer Schüssel vermischen. Kokosöl esslöffelweise dazugeben und alles zu Streuseln verkneten. Dann über dem Rhabarber verteilen. Im vorgeheizten Ofen bei 180 °C ca. 25 Minuten goldbraun backen.

Nährwerte pro Portion:

470 kcal • 7 g E • 34 g F • 34 g KH • 10,0 g Ba (0,3 g Beta-Glucan)

« Pflaumen-Haferflocken-Crumble

Käsekuchen mit Johannisbeer-Topping

eiweißreich

Für 20-cm-Springform (8 Stücke)

25 Min. + 45 Min. Backzeit

- 90 g kleinblättrige Haferflocken
- 60 g gemahlene Mandeln
- 1 Prise Salz
- 2 EL Yuconsirup
- 60 g Kokosöl
- ½ TL Backpulver
- eventuell 2–3 EL Milch
- 2 Eier
- 80 g Erythrit
- 250 g Magerquark
- 200 g Doppelrahmfrischkäse
- ½ Zitrone, Saft und abgeriebene Schale
- 60 g Johannisbeermarmelade

● Haferflocken in einem Multizerkleinerer (oder Mixer) fein mahlen. Das entstandene Haferflockenmehl, gemahlene Mandeln, Salz, Yuconsirup, Kokosöl und Backpulver zu einem Teig verkneten. Falls der Teig zu trocken wird, 2–3 EL Milch unterkneten.

● Den Ofen auf 180 °C vorheizen. Springform mit Backpapier auslegen und den Rand mit Kokosöl einfetten.

● Für den Belag Eier und Erythrit schaumig schlagen. Quark, Frischkäse, Zitronenschalenabrieb und Zitronensaft unterrühren.

● Haferflockenteig gleichmäßig auf dem Boden der Springform verteilen und festdrücken. Die Quarkmasse daraufgeben. Kuchen auf mittlerer Schiene etwa 45 Minuten backen.

● Den Kuchen vollständig abkühlen lassen, dann die Johannisbeermarmelade im Wasserbad leicht erwärmen, die Marmelade gleichmäßig auf den Käsekuchen streichen.

Nährwerte pro Stück:

230 kcal • 8 g E • 15 g F • 14 g KH • 2,3 g Ba (0,5 g Beta-Glucan)

Powerkugeln mit Zimt

vegan
Für 15 Kugeln
25 Min. + 1 Std. Kühlzeit

120 g Mandeln • 50 g kleinblättrige Haferflocken • 100 g Datteln (soft) • 4 EL Orangensaft • 2 TL Zimt (alternativ Lebkuchengewürz)

- Mandeln in einem Multifunktionsgerät oder Mixer mahlen. Datteln sehr fein hacken oder besser zu Mus mixen. Bis auf 20 g gemahlene Mandeln alle Zutaten zusammen in eine Schüssel geben und zu einem Teig verkneten.

- Die restlichen gemahlenen Mandeln auf einen tiefen Teller geben. Aus der Masse walnussgroße Stücke abstechen, in den Mandeln wälzen und zu Kugeln formen.

- Die Powerkugeln etwa 1 Stunde im Kühlschrank durchziehen lassen und genießen. Die Kugeln halten bis zu einer Woche im Kühlschrank.

Nährwerte pro Kugel:
80 kcal • 3 g E • 5 g F • 7 g KH • 1,9 g Ba (0,3 g Beta-Glucan)

Kokos-Powerkugeln

vegan
Für 12 Kugeln
25 Min. + 1 Std. Kühlzeit

80 g Mandelmus • 30 g Kakao- oder Karobpulver • 60 ml Haferdrink • 50 g Aprikosen (soft) • 100 g kleinblättrige Haferflocken • 30 g Kokosraspel

- Mandelmus zusammen mit Kakaopulver und Haferdrink in ein Multifunktionsgerät geben und zu einer geschmeidigen Masse rühren. Aprikosen in feine Würfel schneiden und dazugeben. Alles zu einer homogenen Masse pürieren. Dann die Haferflocken unterrühren.

- Kokosflocken auf einen tiefen Teller geben. Aus der Masse walnussgroße Stücke abstechen, in den Kokosraspeln wälzen und zu Kugeln formen.

- Powerkugeln etwa 1 Stunde im Kühlschrank durchziehen lassen und genießen. Die Kugeln halten bis zu einer Woche im Kühlschrank.

Nährwerte pro Kugel:
110 kcal • 3 g E • 7 g F • 9 g KH • 2,9 g Ba (0,2 g Beta-Glucan)

Haferflocken-Erdnuss-Riegel

Seelentröster
Für 30 Riegel
⏲ 20 Min. + 1½ Std. Kühlzeit

250 g ungesüßtes Erdnussmus • 60 g Honig • 50 g Kokosöl • 200 g großblättrige Haferflocken • 100 g vegane Zartbitterschokolade • grobes Meersalz

- Erdnussmus, Honig und Kokosöl in einen Topf geben und bei niedriger Stufe unter Rühren zu einer homogenen Masse rühren. Die Haferflocken unterrühren.

- Einen Plastiktopf mit den Ausmaßen 20 × 30 cm mit Backpapier auskleiden. Die Erdnussmasse hineingeben und 30 Minuten im Gefrierschrank herunterkühlen.

- Inzwischen die Schokolade bei geringer Hitze, am besten über einem Wasserbad, schmelzen. Die flüssige Schokolade über die gehärtete Erdnussmasse verteilen. Das Ganze für mindestens 1 weitere Stunde in den Gefrierschrank stellen. Die feste Masse in 30 Riegel von 10 cm Länge und 1–2 cm Breite schneiden.

Nährwerte pro Riegel:
110 kcal • 3 g E • 7 g F • 8 g KH • 1,7 g Ba (0,2 g Beta-Glucan)

American Oats-Cornflakes-Cookies

Energieschub
Für 12 Cookies
⏲ 20 Min. + 20 Min. Backzeit

100 g Weizenmehl, Type 1050 • 50 g kleinblättrige Haferflocken • 50 g großblättrige Haferflocken • ½ TL Natron • ½ TL Backpulver • ½ TL abgeriebene Orangenschale • etwa Salz • 100 g Honig • 100 g Butter • 1 Ei • 30 g Cornflakes (mit den Handballen leicht zerdrückt) • 50 g gehackte Haselnüsse

- Mehl, Haferflocken, Natron, Backpulver, Orangenschalenabrieb und Salz in einer Schüssel vermischen. Den Backofen auf 180 °C vorheizen.

- Honig, Butter und Ei in eine Rührschüssel geben und schaumig schlagen. Mehlmischung unterrühren und zum Schluss die Cornflakes und Haselnüsse unterheben.

- Ein Blech mit Backpapier belegen und mithilfe von 2 Esslöffeln große und flache Häufchen mit ausreichend Abstand aufs Backpapier drücken. Die Cookies etwa 15–20 Minuten auf mittlerer Schiene backen.

Nährwerte pro Cookie:
190 kcal • 4 g E • 11 g F • 19 g KH • 1,7 g Ba (0,2 g Beta-Glucan)

▲ American Oats-Cornflakes-Cookies

Rezeptverzeichnis

Liebe Leserin, lieber Leser,

hat Ihnen dieses Buch weitergeholfen? Für Anregungen, Kritik, aber auch für Lob sind wir offen. So können wir in Zukunft noch besser auf Ihre Wünsche eingehen.
Ihr TRIAS Verlag

Kontakt: https://kundenservice.thieme.de

Adresse: Lektorat TRIAS Verlag, Postfach 30 05 04, 70445 Stuttgart

/trias.tut.mir.gut /mama.mag.trias /trias_verlag /triasverlag www.trias-verlag.de/newsletter

Stichwortverzeichnis

Bibliografische Information der Deutschen Nationalbibliothek
Die Deutsche Nationalbibliothek verzeichnet diese Publikation in der Deutschen Nationalbibliografie; detaillierte bibliografische Daten sind im Internet über http://dnb.d-nb.de abrufbar.

Programmplanung: Uta Spieldiener
Projektmanagement: Manuela Hunfeld
Redaktion: Anne Bleick
Bildredaktion: Christoph Frick, Marie Crämer
Covergestaltung: © Thieme
Layout: CYCLUS · Visuelle Kommunikation, Stuttgart

Bildnachweis:
Umschlagmotiv und Bild S. 3: © M. Bergmann/Thieme
Autorinnenbild: © T. W. Klein (Frankfurt a. M.)
Inhalt: S. 4 © fotolesnik/stock.adobe.com; S. 6 © Syda Productions/stock.adobe.com; S. 10/11 © Vladislav Noseek/stock.adobe.com; S. 22 © greenphotoKK/stock.adobe.com; S. 23 o. © Moving Moment/stock.adobe.com; S. 23 u. © Tatiana/stock.adobe.com; S. 24 o. © Mara Zemgaliete/stock.adobe.com; S. 24 Mitte © HandmadePictures/stock.adobe.com; S. 25 © photka/stock.adobe.com; S. 38 © victoria p./stock.adobe.com; S. 49 © qwartm/stock.adobe.com; S. 57 © yossarian6/stock.adobe.com – Stock photo. Posed by a model
Abbildung S. 13 © Berzyk/stock.adobe.com (Foto); Susi Schaaf, Bellheim (Zeichnung)
Zeichnung S. 28: Susi Schaaf, Bellheim
Rezeptfotos und Bild S. 51: © M. Bergmann/Thieme
Die abgebildeten Personen haben in keiner Weise etwas mit der Krankheit zu tun.

1. Auflage 2023

TRIAS Verlag in Georg Thieme Verlag KG
Rüdigerstraße 14, 70469 Stuttgart, Germany
www.thieme.de

Printed in Germany

Satz: Reemers Publishing Services GmbH, Krefeld
Druck: AZ Druck und Datentechnik GmbH, Kempten

Gedruckt auf chlorfrei gebleichtem Papier

ISBN 978-3-432-11760-7
Auch erhältlich als E-Book:
eISBN (ePub) 978-3-432-11761-4

2 3 4 5 6

Wichtiger Hinweis: Wie jede Wissenschaft ist die Medizin ständigen Entwicklungen unterworfen. Forschung und klinische Erfahrung erweitern unsere Erkenntnisse. Ganz besonders gilt das für die Behandlung und die medikamentöse Therapie. Bei allen in diesem Werk erwähnten Dosierungen oder Applikationen, bei Rezepten und Übungsanleitungen, bei Empfehlungen und Tipps dürfen Sie darauf vertrauen: Autoren, Herausgeber und Verlag haben große Sorgfalt darauf verwandt, dass diese Angaben dem Wissensstand bei Fertigstellung des Werkes entsprechen. Rezepte werden gekocht und ausprobiert. Übungen und Übungsreihen haben sich in der Praxis erfolgreich bewährt.

Eine Garantie kann jedoch nicht übernommen werden. Eine Haftung des Autors, des Verlags oder seiner Beauftragten für Personen-, Sach- oder Vermögensschäden ist ausgeschlossen.

Thieme Publikationen streben nach einer fachlich korrekten und unmissverständlichen Sprache. Dabei lehnt Thieme jeden Sprachgebrauch ab, der Menschen beleidigt oder diskriminiert, beispielsweise aufgrund einer Herkunft, Behinderung oder eines Geschlechts. Thieme wendet sich zudem gleichermaßen an Menschen jeder Geschlechtsidentität. Die Thieme Rechtschreibkonvention nennt Autor*innen mittlerweile konkrete Beispiele, wie sie alle Lesenden gleichberechtigt ansprechen können. Die Ansprache aller Menschen ist ausdrücklich auch dort intendiert, wo im Text (etwa aus Gründen der Leseleichtigkeit, des Text-Umfangs oder des situativen Stil-Empfindens) z. B. nur ein generisches Maskulinum verwendet wird.

Datenschutz
Wo datenschutzrechtlich erforderlich, wurden die Namen und weitere Daten von Personen redaktionell verändert (Tarnnamen). Dies ist grundsätzlich der Fall bei Patient*innen, ihren Angehörigen und Freund*innen, z. T. auch bei weiteren Personen, die z. B. in die Behandlung von Patient*innen eingebunden sind.

TRIAS, einer der führenden Ratgeberverlage im Bereich Gesundheit, gehört zur Thieme Gruppe, marktführender Anbieter medizinischer Fachinformationen und Services. Anspruch der Thieme Gruppe ist es, den im Gesundheitswesen tätigen Berufsgruppen sowie allen an Gesundheit Interessierten genau die Informationen und Angebote bereitzustellen, die sie in einer bestimmten Arbeitssituation oder Lebensphase benötigen. Durch die hohe Qualität und zielgruppenspezifische Relevanz der angebotenen Leistungen bereitet Thieme den Weg für eine bessere Medizin und mehr Gesundheit im Leben.

Thieme